OS ATREVIDOS DOMINAM O MUNDO

JACOB PETRY

OS ATREVIDOS DOMINAM O MUNDO

Uma estratégia poderosa para criar resultados de impacto

COPYRIGHT © 2023, BY JACOB PETRY
COPYRIGHT © FARO EDITORIAL, 2023

Todos os direitos reservados.
Nenhuma parte deste livro pode ser reproduzida sob quaisquer meios existentes sem autorização por escrito do editor.

Diretor editorial **PEDRO ALMEIDA**
Coordenação editorial **CARLA SACRATO**
Assistente editorial **LETÍCIA CANEVER**
Preparação **DIANA CORTEZ**
Revisão **BÁRBARA PARENTE**
Capa e diagramação **OSMANE GARCIA FILHO**
Imagem de capa **JOSSNAT | SHUTTERSTOCK**

Dados Internacionais de Catalogação na Publicação (CIP)
Jéssica de Oliveira Molinari CRB-8/9852

Petry, Jacob
   Os atrevidos dominam o mundo : uma estratégia poderosa para criar resultados de impacto / Jacob Petry. — São Paulo : Faro Editorial, 2023.
   256 p.

   Bibliografia
   ISBN 978-65-5957-252-6

   1. Desenvolvimento profissional 2. Negócios 3. Sucesso I. Título

22-6265   CDD-658.4

Índice para catálogo sistemático:
1. Desenvolvimento profissional

1ª edição brasileira: 2023
Direitos de edição em língua portuguesa, para o Brasil, adquiridos por FARO EDITORIAL

Avenida Andrômeda, 885 — Sala 310
Alphaville — Barueri — SP — Brasil
CEP: 06473-000
www.faroeditorial.com.br

Para Fabi

SUMÁRIO

PRÓLOGO
O mundo é dos que se atrevem 11

CAPÍTULO 1
Lições de um atrevido 27

CAPÍTULO 2
A invenção de nós mesmos 49

CAPÍTULO 3
O poder de escolha 75

CAPÍTULO 4
O mistério da percepção 101

CAPÍTULO 5
Os perigos do atrevimento 129

CAPÍTULO 6
A força escondida do amanhã 155

CAPÍTULO 7
A irrefutável influência das relações 175

CAPÍTULO 8
Os espaços em branco 195

CONCLUSÃO
Pensar como o atrevido 215

Agradecimentos 241
Bibliografia complementar 243

OS ATREVIDOS DOMINAM O MUNDO

PRÓLOGO
O MUNDO É DOS QUE SE ATREVEM

> *Apenas aqueles que se arriscam a ir longe demais têm a chance de descobrir quão longe podem ir.*
>
> **T. S. ELIOT**
> Poeta e crítico literário, vencedor do Nobel de Literatura de 1948

1

No verão de 1995, um grupo de calouros da Universidade Stanford foi convidado a fazer um *tour* pela baía de San Francisco. O guia era Sergey Brin. Ele tinha 22 anos. Nasceu em Moscou, na Rússia, e veio para os Estados Unidos aos 6 anos. Era magro e não muito alto. O cabelo meio ondulado e o nariz um pouco saliente. Sua voz era carregada de um leve sotaque russo. O sonho de seu pai era que Sergey se tornasse um acadêmico. "Minha esperança era de que algum dia ele concluísse um pós-doutorado e se tornasse alguém, talvez um professor", o pai dele disse, tempos depois. "Certo dia, alguns meses depois de ele ter ido para Stanford, perguntei se estava fazendo algum curso avançado. Ele disse: sim, curso avançado de natação."

Na metade do *tour*, enquanto o grupo subia e descia as fabulosas ladeiras de San Francisco, um dos calouros — Larry Page — se aproximou de Sergey. Tinha a mesma idade e, assim como Sergey, era formado em Ciências da Computação.

Também como Sergey, graduara-se com louvor e pensava, assim como o outro, em fazer doutorado em Stanford. Os dois conversavam muito; discutiam temas variados, mas principalmente computação.

Poucas semanas depois, Page decidiu fazer seu doutorado em Stanford e se mudou para lá. Nos meses seguintes, os dois se uniram em torno do mesmo projeto de pesquisa. Tornaram-se inseparáveis. No *campus*, os colegas não se referiam a eles como indivíduos separados. Eram conhecidos como "Larry & Sergey". A paixão deles eram os sistemas de busca da internet. Na época, pesquisar qualquer tipo de informação na internet não era como hoje: era uma tarefa complicada e quase inútil. "Você obtinha uma grande quantidade de informação, mas completamente sem sentido", explica Rajeev Motwani, professor de Stanford. Os buscadores mais conhecidos na época, Alta Vista e Yahoo, definiam os resultados quase por mero acaso, pois não havia nenhum tipo de seleção refinada desses resultados. Larry e Sergey passaram a refletir sobre a possibilidade de criar um sistema que valorizasse melhor as relações entre os *sites*. Um ano depois, eles haviam criado um sistema que chamaram de PageRank.

O PageRank seguia o mesmo padrão dos sistemas que já existiam. A única, mas radical, diferença era a forma como ele classificava o resultado das buscas. Os amigos desenvolveram uma família de algoritmos que atribuía a cada página da *web* uma classificação de relevância. Ela não classificava as páginas apenas pela sua popularidade, e sim verificava também quantas páginas mostravam *links* para um *site* em particular e usava essa informação para determinar a importância de cada página.

Em março de 1998, Larry e Sergey decidiram vender os direitos de uso do PageRank. Primeiro, ofereceram-no para o Alta Vista, o maior *site* de busca na época, pelo valor de 1 milhão de dólares. O Alta Vista torceu o nariz, dizendo que tinha a cultura de não dar muita importância à tecnologia que não era inventada dentro da própria empresa. Eles bateram, então, na porta de outras companhias, como Excite e Yahoo, mas ninguém demonstrou interesse.

Até aqui temos dois jovens e brilhantes estudantes com uma ideia, mas sem saber exatamente o que fazer com ela. A questão era: haveria realmente futuro para esse sistema?

Em agosto de 1998, tentaram uma nova saída: ofereceram parceria para um investidor chamado Andy Bechtolsheim, dezoito anos mais velho que eles. Bechtolsheim nasceu na Alemanha e estudou engenharia em Stanford. Aos 27, quando Larry e Sergey tinham 9 anos, ele e outros três colegas fundaram uma empresa chamada Sun Microsystems. O empreendimento o tornou bilionário antes de completar 30 anos.

Assim, Larry e Sergey explicaram o funcionamento do PageRank em detalhes a Bechtolsheim, contando suas tentativas frustradas de vender o sistema e seus planos de abrir uma empresa em conjunto. Após ouvi-los com interesse, Bechtolsheim, do alto de seus 43 anos, disse: "Essa é a melhor ideia que eu ouvi nos últimos anos. Quero fazer parte dela". Sem estender as negociações, fez um cheque no valor de 100 mil dólares e o deu para os dois. Foi um começo modesto, mas a partir daí as coisas começaram a acontecer mais rapidamente.

Hoje, duas décadas depois, o Google, a empresa criada por Larry e Sergey, vale quase US$ 60 bilhões. O PageRank, esse mesmo sistema que o Alta Vista, o Excite e o Yahoo não valorizaram, tornou o Google o *site* mais visitado do mundo.

A questão é: como executivos do Alta Vista e do Yahoo não perceberam o valor do PageRank? Esses empresários eram altamente reconhecidos pelo seu empreendedorismo e sua inovação, pois haviam revolucionado o mundo da comunicação, mas por que não conseguiram ver o potencial da ideia de Larry e Sergey? O que fez, contudo, com que Andy Bechtolsheim visse, num piscar de olhos, o que passou despercebido aos outros executivos? Por que algumas pessoas têm uma incrível capacidade de ver oportunidades e outras não conseguem ver nada ou veem apenas obstáculos?

2

A região conhecida como Paso del Planchón é uma extensa região montanhosa localizada entre a Argentina e o Chile. Na parte mais ao norte, é formada por gigantescas cadeias de cumes pontiagudos, com paredões de até 1.000 metros de altura. Seus vales são estreitos e cobertos de neve grande parte do ano. Os picos mais altos, formados por antigas erupções vulcânicas, elevam-se a mais de 4 mil metros acima do nível do mar. A temperatura quase sempre fica abaixo de zero. A pressão atmosférica é extremamente baixa. Ali não vivem animais e não cresce nenhum tipo de vegetação. O lugar é um dos mais inóspitos, cruéis e imponentes do mundo.

Era para essa paisagem que um rapaz de 22 anos chamado Nando Parrado olhava na tarde de uma sexta-feira 13, em outubro de 1972. Com ele estavam sua mãe, Eugenia, e Susy, a irmã mais nova. Eles viajavam a bordo do F-27, um avião de pequeno porte da Força Aérea Uruguaia. Além deles, havia outros 42 passageiros, a maioria rapazes entre 18 e 28 anos. Quase todos faziam parte do Old Christian's Rugby Club, um famoso time de rúgbi de Montevidéu. Eles iam para Santiago, no Chile, onde teriam um jogo de confraternização.

A principal rota aérea entre Montevidéu e Santiago é uma linha reta de leste a oeste cruzando a Argentina. Mas os picos elevados da cordilheira e as frequentes tempestades de neve são um obstáculo para a maioria dos voos nessa rota, principalmente durante o inverno. Naquela sexta-feira o tempo estava ruim. E forçou os pilotos do F-27 a desviar o voo para o sul. Iriam até a região de Las Leñas, na Argentina. De lá, cruzariam os Andes sobre o Paso del Planchón, indo até Curicó, no Chile. Depois, iriam para o norte, até Santiago.

Na região do Paso del Planchón o tempo também estava ruim — não necessariamente horrível, porém feio o suficiente para reduzir a visibilidade abaixo do necessário para passar o desfiladeiro com segurança. Assim que entraram nas cordilheiras, o tempo piorou, a ponto de os pilotos não enxergarem praticamente nada. E tinham poucas pistas para confirmar sua posição. Em circunstâncias normais, a passagem pelo Paso levaria minutos de voo no sentido leste a oeste. Porém, com apenas três minutos, solicitaram autorização ao controle aéreo de Santiago para desviar o curso rumo ao norte. O F-27, com a visão obstruída por intensa nebulosidade, mudou o curso para o norte, diminuindo a altitude. Eles pensavam que já haviam cruzado a cordilheira, mas estavam enganados. Estavam no meio dos Andes.

Uma forte turbulência agitou o avião antes de ele sair parcialmente das nuvens. Desconhecendo a situação delicada em que se encontravam, alguns rapazes vibraram como se estivessem descendo uma montanha-russa. Nando procurou a mãe e a irmã com o olhar. Elas pareciam preocupadas. Um amigo, que estava sentado ao lado, cutucou-o com o cotovelo: "Olha isso, Nando", disse, tenso. "É normal estarmos tão perto das montanhas?" Nando curvou-se sobre o amigo e olhou pela pequena janela do avião. Nuvens obstruíam a visão, mas, em pequenos intervalos, ele pôde ver os rochedos gigantes com partes cobertas de neve próximos das laterais da aeronave. Os rochedos deviam estar a cerca de 10 metros do avião.

Quando o F-27 emergiu das nuvens, os pilotos se depararam, a poucos metros, com uma cadeia de montanhas. Num instante, viram-se forçados a dar potência máxima e tentar recuperar altitude. A aeronave tomou velocidade e ascendeu rapidamente, mas não o suficiente. Em segundos, a asa direita do F-27 bateu contra um pico, quebrou e chocou-se contra a parte traseira do avião. A força do impacto da asa sobre a fuselagem foi tanta que arrancou a cauda da aeronave. "Ouvi um terrível rangido de metais e, num segundo, percebi o céu aberto atrás de mim", lembra Nando.

No instante seguinte, foi a vez da asa esquerda bater num pico e se soltar da fuselagem. E, então, algo incrível aconteceu: por um estranho e misterioso motivo, a fuselagem do avião, com a parte traseira completamente aberta, pousou numa colina coberta de neve e deslizou à velocidade de 200 quilômetros por hora, por mais de 4 quilômetros, até se chocar com um banco de neve. O que se passou a seguir foram cenas de puro terror. Assentos com passageiros a eles amarrados foram, com a força do impacto, arrancados do piso e jogados para a frente. Outros, em filas inteiras, amontoaram-se numa pilha de metais retorcidos e corpos quebrados na parte dianteira da cabine. Doze passageiros morreram, mas 33 sobreviveram. Alguns sem sofrer um único arranhão.

Eram 4 horas da tarde. Suspeitando que o resgate não viria antes do dia seguinte, os sobreviventes rapidamente se organizaram para passar a noite. Fecharam a parte traseira da fuselagem, coletaram alimentos, remédios, bebidas e tudo que pudesse protegê-los do frio. Cuidaram dos feridos e amontoaram os mortos num canto. Entre eles estava, inconsciente,

Nando Parrado, dado por morto. Em seguida, os sobreviventes se agruparam no outro lado da aeronave. Assim que a noite chegou, a temperatura caiu drasticamente. Aos poucos, o frio, a baixa pressão atmosférica, a fome, a sede, o medo e a angústia tiveram impacto: naquela noite, outros cinco morreram.

Na manhã seguinte, um avião sobrevoou a região, mas os sobreviventes não foram vistos. Buscas envolveram equipes de resgate do Uruguai, da Argentina e do Chile, mas as estranhas circunstâncias do acidente impediram que fossem localizados. Os dias passaram. No décimo dia, por um radinho de pilha que haviam encontrado numa das bagagens, descobriram que as buscas haviam sido suspensas. Ninguém mais acreditava ser possível encontrar os corpos, nem mesmo os restos do avião. A essa altura, ainda havia 27 sobreviventes. Eles estavam havia dias sem comida, vivendo apenas com a água que obtinham derretendo neve sobre partes da fuselagem de alumínio. Nando, que tinha saído do coma no terceiro dia e se recuperado das lesões, sugeriu que havia apenas uma forma de sobreviver: se alimentar com a carne dos mortos.

Usando material que retiraram do avião, eles cortaram partes dos defuntos. Sem material para fazer fogo, foram forçados a comer a carne crua e congelada. A situação ficou ainda pior: numa cena de total desespero, fizeram um pacto de que, se alguém morresse, doaria seu corpo para alimentar os sobreviventes. Ato contínuo, decidiram que os mais fortes escalariam as montanhas em busca de ajuda. Um dia após partirem, retornaram quase mortos. Noutra noite, uma avalanche cobriu a fuselagem enquanto dormiam. A neve entrou pela abertura traseira e num segundo os enterrou completamente. Oito deles morreram sufocados.

Nando Parrado era o único que insistia em buscar ajuda. "Ninguém nos tirará daqui. Temos que salvar a nós mesmos ou morreremos todos", dizia. Todos concordavam. O problema era como e onde buscar essa ajuda. "Eu vou escalar essas montanhas", Nando insistia, mas ninguém lhe dava apoio. Outros já haviam tentado quando não estavam tão debilitados e fracassaram. "Que outras chances temos?", ele perguntava. No final de novembro, quase dois meses depois do acidente, Nando finalmente conseguiu convencer dois dos rapazes — Roberto Canessa e Antonio Vizintin — a escalarem as montanhas com ele. Nos dias seguintes, prepararam algumas ferramentas rudimentares. E no dia 12 de dezembro partiram em direção ao oeste.

Depois de três dias escalando uma única montanha, Parrado, liderando os outros dois, chegou ao cume. Quando ele olhou em torno, tudo que viu foi uma interminável sucessão de montanhas. Eles decidiram que Vizintin retornaria para a fuselagem e deixaria sua comida para Nando e Canessa, que continuariam a expedição. Depois de perambular outros sete dias seguindo um vale entre as montanhas, no dia 20 de dezembro, dez dias depois de deixarem a fuselagem, eles finalmente encontraram um camponês, que imediatamente ofereceu ajuda. No dia seguinte, 72 dias após o acidente, foi realizado o resgate dos outros 14 sobreviventes.

3

Imagine que você esteja explorando uma reserva florestal. A área onde você está é enorme e o caminho é cercado por uma densa floresta nativa. A certa altura, você descobre que está completamente perdido. Você olha para o horizonte e vê que o sol está prestes a se pôr. De maneira desesperada, tenta encontrar o caminho de volta, mas não consegue. Sem outra saída, terá que passar a noite na floresta. Você até tem uma barraca de *camping* na mochila, mas lembra que não tem nada para beber ou comer. Na sua opinião, o que seria mais difícil, passar a noite sem água ou sem comida?

Pouco tempo atrás, psicólogos de uma universidade americana fizeram a mesma pergunta para dois grupos de estudantes. Ambos estavam na academia malhando. Um deles fazia exercícios aeróbicos havia mais de uma hora e não tinha acesso à água. Por isso, obviamente, esses estudantes estavam com sede. O outro malhava com pesos. Diferentemente dos membros do outro grupo, cada um dos estudantes desse grupo trazia sua garrafa com água e podia saciar sua sede sempre que quisesse.

No final do treino, os pesquisadores pediram aos estudantes dos dois grupos para imaginar a mesma situação que você imaginou há pouco. O que seria o maior problema: a falta de água ou a falta de comida? Os pesquisadores estavam interessados num ponto muito específico: será que o fato de um grupo estar com sede e o outro não teria algum impacto nas respostas? Para a surpresa dos pesquisadores, a diferença foi quase desconcertante. Do grupo que estava com sede, 92% disseram que o maior problema seria a falta de água. Isto é, apenas 8% acreditavam que a falta de comida poderia ser um problema. No grupo que estava malhando com pesos, esse índice caiu para 61%. O restante, 39%, disse que a falta de comida seria o maior problema. O que faz certo sentido. Afinal, sabemos que malhar de forma intensa com pesos provoca fome.

Torna-se óbvio perceber que aquilo que os estudantes sentiam quando imaginaram a cena hipotética influenciou fortemente a noção de como acreditavam que se sentiriam se estivessem de fato perdidos na floresta. Aqueles que estavam com sede acreditavam que a falta de água seria sua maior dificuldade. Entre os outros, um número significativamente maior acreditava que a comida seria o maior problema. O que podemos tirar de interessante desse estudo? Sempre que pensamos no futuro, esse pensamento é fortemente influenciado pelo que sentimos no presente. E isso tem uma implicação muito grande nos resultados que obtemos na vida.

Cada um de nós está preso em algum lugar, em alguma circunstância, em algum tempo. Ainda que acreditassem estar fazendo uma escolha consciente, a mente dos estudantes da experiência estava presa ao modo como se sentiam no momento de fazer essa escolha. Estudos como esse demonstram o motivo pelo qual raramente conseguimos fazer grandes avanços na vida. A razão disso é que sempre haverá um conflito entre as experiências reais do passado e do presente e aquilo que você deseja para o futuro. E, como as experiências reais geralmente são mais fortes que os desejos do futuro, elas acabam vencendo essa disputa, fazendo com que você repita sempre os mesmos resultados.

Por que isso acontece? Todos nós crescemos e vivemos imersos num grande oceano de regras, convicções, crenças e paradigmas. Eles formam um molde que nos diz, consciente ou inconscientemente, como deveríamos viver. Alguns desses paradigmas até são importantes ou necessários e, de certa forma, nos beneficiam. Mas a maioria deles nos limita, atrofia e impede de explorar o melhor que existe em nós. Esse conjunto de regras, convicções e paradigmas são os nossos moldes mentais.

E por que os moldes mentais são tão importantes? Cada molde mental passa a fazer parte da visão que temos de nós e do mundo a nossa volta. Assim como uma lente, eles dão forma e cor ao que nos chega por seu intermédio. Só que, como escreve Daniel Gilbert, professor de psicologia da Universidade

Harvard, "nesse caso, a lente não é como a de um par de óculos de leitura que usamos à noite, mas como um par de lentes de contato fixadas permanentemente em nossos globos oculares".

Nossos moldes mentais, então, definem nossos modos de percepção, isto é, a maneira como percebemos a nós e ao contexto à nossa volta. Os modos de percepção, por sua vez, criam nossos sistemas de comportamentos — que é a maneira como nos comportamos, como agimos no dia a dia. E essa maneira de agir cria nossos resultados. E por que raras vezes conseguimos transformações significativas? Por um lado, porque uma vez que formamos os moldes mentais paramos de questioná-los. Agimos dentro de um círculo vicioso em que o molde mental produz o modo de percepção, que define os sistemas de comportamentos que determinam nossos resultados, os quais, por sua vez, reforçam nossos moldes mentais. Ao reforçá-los, a experiência estabiliza o processo criando um ciclo interminável que se repete ao longo dos anos.

Por outro lado, se você analisar os métodos e as técnicas que a maioria dos profissionais usa, verá que eles trabalham no nível dos sistemas de comportamentos, deixando intocáveis os moldes mentais. E, como vimos, são eles que definem os modos de percepção, os quais criam os sistemas de comportamentos que acabam produzindo nossos resultados práticos. Ensinar as pessoas a mudar seus sistemas de comportamento, como ter foco, disciplina e fazer gestão de tempo, sem alterar seus moldes mentais, é como querer eliminar um câncer tratando os ferimentos superficiais que ele causa. Isso até pode aliviar a dor e a aparência no nível superficial, mas cria uma ilusão devastadora. Embora achemos que estamos fazendo avanços, na verdade, para além das aparências, as células doentes estão se multiplicando.

Pessoas que deixam sua marca no mundo pensam num nível de consciência diferente daquelas que possuem uma mentalidade de rebanho e que, por isso, vivem acanhadas, com medo. Esse nível de consciência permite que elas tenham um modo de percepção único, que cria um sistema de comportamento com características próprias, como impulsividade intuitiva, coragem de assumir riscos, indiferença pela opinião alheia e precocidade.

Essas características permitem que elas vejam e percebam oportunidades e riscos de um ângulo diferente, dissociado do que sentem no presente ou experimentaram no passado. E isso faz com que elas vejam valores em ideias que os acanhados raramente percebem, ou, quando percebem, ignoram porque entendem que são impossíveis ou irrelevantes.

Foi isso que aconteceu com o sistema de busca criado por Larry e Sergey. Com uma percepção diferenciada, eles conseguiram imaginar um sistema que organizasse melhor o conteúdo da internet e facilitasse a busca de informações específicas. E qual foi a reação de empresas líderes do setor, como a Alta Vista e o Yahoo? Apegadas a fórmulas e moldes do passado, o ignoraram.

4

Este livro trata de um conceito bem simples: a ideia de que nosso mundo — econômico, político, científico, religioso e cultural — é a criação de um pequeno grupo de pessoas. E que, em termos gerais, existe uma única característica que separa essas pessoas do resto de nós. E ela é o atrevimento. A ideia de Sergey e Larry de organizar a informação mundial e torná-la universalmente acessível e a escalada de Nando Parrado nos Andes em busca de resgate são exemplos práticos desse atrevimento.

Embora pareçam conjunturas muito distintas, elas resultam do mesmo padrão subjacente. Quando os dois estudantes de Stanford apresentaram seu sistema para o Alta Vista e o Yahoo, a ideia deles não foi recebida como algo fora do comum. Muito pelo contrário, foi vista com certo desdém, justamente por causa da sua simplicidade. Nem mesmo Larry e Sergey tinham uma imagem clara do que ela representava. Afinal, queriam vendê-la por 1 milhão de dólares. Valor que até pode parecer significativo, mas não quando comparado aos US$ 60 bilhões que a evolução dessa ideia representa hoje.

Por que houve essa incerteza inicial? Porque o conceito, em si, era simples demais. Apenas organizava a informação que já existia. E o sucesso que emergiu dela não veio do conceito em si, mas do atrevimento de Larry e Sergey. Larry, por exemplo, queria baixar todas as informações da *web* em uma semana. Após um ano, havia conseguido baixar apenas uma pequena parte. "Ser um pouco ingênuo sobre as metas que traçamos foi indispensável", disse. Depois, completou: "É preciso ter um saudável desprezo pelo impossível, tentar fazer coisas que os outros não ousariam tentar". Essa é uma boa definição para atrevimento.

A mesma coisa aconteceu com Nando Parrado. Não era difícil perceber que, diante das circunstâncias, o grupo estava com os dias contados. Isso estava claro para qualquer um deles. Também não havia soluções mágicas. A única alternativa era atrever-se e enfrentar a situação. É evidente que havia muito em jogo: a vida. Por isso, o atrevimento de Nando Parrado não está na ideia de escalar as montanhas, mas em executá-la. E foi isso que ele fez.

Mas em momento algum Nando ou qualquer um dos demais sobreviventes poderia imaginar que essa odisseia duraria dez dias. E ainda mais impressionante: que fosse possível sobreviver por tanto tempo em condições tão desfavoráveis.

Imagino que você provavelmente saiba qual é a sensação de ficar um ou dois dias sem se alimentar direito. Todos, por uma razão ou outra, já passamos por isso. Mas qual é a sensação de viver por mais de sessenta dias se alimentando apenas de carne humana crua e congelada? Agora, acrescente a essa dieta dez dias de caminhada, subindo e escalando montanhas.

5

Essa ideia de ver o atrevimento como a principal característica a nos separar do pequeno grupo que domina o mundo pode ser um conceito difícil de aceitar. E a razão disso é que ela aponta para uma realidade muito distinta daquela em que fomos ensinados a acreditar. Ela nos diz que, num sentido amplo e profundo, as pessoas não nascem inclinadas a vencer ou fracassar na vida. As características que prendem a grande maioria em moldes acanhados e transformam alguns poucos em atrevidos não são uma seleção natural do universo. Mas elas são consequências de um modo de pensar que pode ser desenvolvido. Mostrar para você como elas fazem isso é o meu objetivo.

Mas quem são os atrevidos? Como eles pensam e agem? O que os torna assim? É possível seguir seus exemplos? O que é preciso fazer para sair do acanhamento e tornar-se um atrevido?

Em busca dessas respostas, vou levar você para a Califórnia, onde vou lhe mostrar como Steven Spielberg, um dos maiores diretores de cinema de todos os tempos, começou sua carreira fingindo ser um empregado na Universal Studios. Também lhe apresentarei Charlie Ayers, o cozinheiro que cuidou do refeitório do Google, e mostrar como ele criou um ambiente que pode ser considerado responsável por grande parte do sucesso nos primeiros anos da empresa.

Em Florença, na Itália, vamos analisar os fatores que em alguns lugares, num curto período de tempo, produziram um número inacreditável de gênios. Entre eles, figuras históricas marcantes como Michelangelo, Da Vinci, Botticelli e Giotto, e ver o que podemos aprender com eles.

No laboratório da Apple, vamos investigar os segredos por trás do sucesso de Steve Jobs que ninguém mostra. Também vamos analisar os detalhes do contexto que deu origem ao impressionante sucesso do Facebook. E com isso, mostrar que o atrevimento não está imune a erros e fracassos, mas que, ao contrário, eles são necessários para o crescimento. Veremos também como Masaru Ibuka, um engenheiro sem recursos financeiros, visualizou o que mais tarde se tornaria a Sony; e a corajosa atitude do operário de uma indústria de calçados que queria ser músico, largou o emprego, trancou-se no apartamento para praticar, e oito anos depois seu primeiro álbum vendeu meio milhão de cópias.

Para entender os perigos do atrevimento, analisaremos a carreira do ciclista Lance Armstrong, que depois de quase morrer de câncer aos 25 anos venceu sete vezes consecutivas o Tour de France, uma das competições mais rigorosas do esporte mundial. Mais tarde, perdeu todos os títulos e foi banido do ciclismo. Ainda irei contar a história de Anatoly Sharansky e como ele venceu Gary Kasparov, o maior jogador de xadrez de todos os tempos, depois de praticar xadrez na sua imaginação durante oito anos em que esteve numa prisão na Rússia.

Por meio da análise de exemplos práticos como esses, pretendo desmistificar as causas que levam algumas pessoas a deixar sua marca no mundo e explicar por que outras não conseguem. E, nesse processo, apresentar com clareza o passo a passo que permite a qualquer pessoa libertar-se do acanhamento e se impor diante das adversidades da vida. Apresentarei três conceitos revolucionários: a ideia central que você tem de si mesmo, a inteligência prática e os espaços em branco, para que você veja como é possível criar uma atitude mental que o torne um atrevido.

Também irei mostrar como a percepção que temos sobre o passado molda nossos resultados no presente e no futuro, e como os atrevidos se libertam desse tipo de condicionamento. O objetivo de tudo isso é responder a três questões que estão no cerne daquilo que nos faz humanos: como nos tornamos o que somos? Por que algumas pessoas desenvolvem suas habilidades e outras não? E o que podemos fazer para criar um contexto que deflagre o que há de melhor em nós?

O que proponho aqui é uma interpretação ousada para o que poucas pessoas entendem sobre o que produz os resultados que obtemos na vida. É uma viagem atrevida, mas absolutamente possível de ser realizada. E como recompensa, ao voltar, você estará livre do círculo vicioso de seus moldes mentais e terá a liberdade dos que se atrevem a viver uma vida de aventura, magia e encantamento. Preparado?

CAPÍTULO 1
LIÇÕES DE UM ATREVIDO

> *Quem não pode buscar o imprevisto não vê nada,*
> *pois o caminho conhecido é um impasse.*
>
> **HERÁCLITO**
> Filósofo pré-socrático, considerado o pai da dialética

1

No livro *Momentos de decisão*, suas memórias dos oito anos na presidência dos Estados Unidos, George W. Bush conta detalhes sobre o dia mais tumultuado de sua vida: 11 de setembro de 2001. Ele relata que, naquele dia, acordou de madrugada e leu um trecho da Bíblia. Em seguida, deixou a suíte do Colony Beach Resort, onde estava hospedado, no sul da Flórida, e, seguido por três agentes do Serviço Secreto americano, foi correr no campo de golfe do *resort*. Ainda estava escuro quando concluiu seus exercícios, trinta minutos depois.

Retornou ao hotel. Tomou banho e deu uma rápida olhada nos jornais. Sentiu que o mundo estava em paz. As manchetes se referiam a coisas mais ou menos banais: Michael Jordan voltando à Liga Americana de Basquete e a suspeita de uma vítima da doença da vaca louca, no Japão. Por volta das 8 horas, um agente da CIA lhe entregou um manual de instruções presidenciais. Tratava de questões sobre a Rússia, a China e a Faixa de

Gaza. Bush analisou os documentos e logo depois deixou o hotel em direção a Sarasota, uma pequena cidade localizada no golfo do México. Ali, visitaria uma escola de ensino fundamental para promover a reforma educacional que acontecia no país.

No corredor da escola, a caminho da sala de aula onde o esperavam para a programação oficial, um de seus assessores lhe disse, preocupado, que um avião atingira um dos prédios do World Trade Center. "Isso soou estranho", ele escreveu. "Imaginei que fosse um pequeno avião de hélice que tivesse se perdido terrivelmente." Logo em seguida, recebeu uma ligação da secretária de Estado, Condoleezza Rice. Soube que a aeronave não era um avião pequeno, mas um jato comercial, com 92 passageiros. Bush diz ter ficado ainda mais atordoado. "Eu estava perplexo", contou. "Esse avião deveria estar sendo conduzido pelo pior piloto do mundo. Como ele poderia ter se chocado contra um arranha-céu em pleno dia de sol?", ele se perguntou. "Talvez o piloto tenha sofrido um ataque cardíaco", concluiu. E decidiu, por um momento, esquecer o assunto e se concentrar na agenda do dia.

Minutos depois, já estava na sala de aula. Lia um pequeno texto para os alunos do segundo ano quando um de seus assessores, um tanto aflito, entrou e foi direto até ele, encostou a cabeça no ouvido do presidente e lhe disse: "Um segundo avião atingiu a outra torre do World Trade Center! A América está sob ataque!". Bush, confuso, sem saber o que fazer, continuou lendo para as crianças.

No seu livro de memórias, ele escreve: "A aula de leitura prosseguiu, mas minha mente vagava longe da sala. Quem poderia ter feito isso? Qual teria sido o tamanho do prejuízo? Que ações o governo teria que tomar?". E, a seguir, está o que pode ser considerado seu pensamento mais decisivo: "Alguém se atreveu a atacar os Estados Unidos. Nós vamos descobrir quem foi e eles irão pagar por isso!".

Se, na época, qualquer cidadão americano tivesse sido entrevistado sobre o incidente, suas percepções não teriam sido muito diferentes das de George W. Bush. Afinal, esse tipo de pensamento vago, indeciso, seria natural se partisse de uma pessoa comum, não do presidente dos Estados Unidos. Grande parte dos críticos diz que Bush não era uma pessoa preparada para assumir a Casa Branca. Sua inteligência era frequentemente questionada. Seu discurso não era grande coisa. Muitos o consideram antipático. Suas decisões, muitas vezes, provocaram grandes polêmicas. Mas, mesmo assim, durante dois mandatos, ele fez com que o resto do mundo visse as coisas à sua maneira. Como ele conseguiu isso?

2

O que geralmente pensamos sobre pessoas que conseguem chegar a posições cobiçadas, como a presidência de um país? Quando refletimos sobre as características de um presidente, imaginamos coisas como uma inteligência excepcional, uma profunda capacidade de discernimento e uma vasta gama de informações produzindo uma compreensão diferenciada dos fatos. Mas o que a história de Bush nos diz? Se você pensar um pouco sobre seu comportamento em relação a um dos momentos mais críticos da história americana, não vai perceber nada disso. Onde está o pensamento inteligente, instruído e diferenciado de Bush? No caso específico do relato anterior, ele simplesmente não existe. Suas atitudes dão outra conotação. É como se ele não tivesse noção do cargo que ocupava. Sua reação em nenhum aspecto parece apropriada para aquilo que se espera de um presidente do país mais poderoso do mundo. Apesar disso, sua carreira política foi um sucesso. Afinal, ele foi eleito duas vezes para o cargo.

Como costumamos explicar sucessos assim? Qual a imagem que temos em nossa mente quando pensamos sobre as causas do sucesso de celebridades, astros da música, gênios, bilionários, empreendedores e políticos? A história é sempre a mesma: nosso ídolo nasce em circunstâncias privilegiadas e, em virtude da sua inteligência, sorte, brilho, oportunidades incomuns e uma série de outras vantagens, é elevado ao topo quase que num passe de mágica. Se perguntarmos para um cidadão americano qual o principal motivo que levou Bush a se tornar presidente, por exemplo, a explicação convencional é a de que ele foi filho de um ex-presidente e neto de um ex-senador e banqueiro bilionário de Wall Street.

Porém, até onde isso é realmente verdade? Afinal, nem todos os filhos de ex-presidentes assumem a Casa Branca. Aliás, isso nunca havia acontecido antes. O próprio pai de George W. Bush, por exemplo, não conseguiu se reeleger para um segundo mandato. Jeb, o irmão de George, dizia que o fato de ele ser filho e irmão de presidentes o prejudicava nos negócios e na carreira. Então até onde esse tipo de explicação nos ajuda a compreender a origem do sucesso? Por que algumas pessoas muito inteligentes não conseguem sucesso profissional, enquanto outras, consideradas menos inteligentes, surpreendem a todos?

3

No início da década de 1990, o psicólogo Joshua Aronson, pesquisador da Universidade Stanford, na Califórnia, realizou uma série de experiências para encontrar a resposta a um problema conhecido nos Estados Unidos como "a ameaça dos estereótipos". A questão é esta: ao longo dos anos, inúmeros estudos em universidades americanas mostraram que os estudantes negros possuem desempenho inferior ao dos brancos em testes que medem a aptidão intelectual.

As pesquisas que apontam a existência dessa diferença afirmam que ela existe mesmo quando os alunos frequentam as mesmas escolas e têm o mesmo nível social. Era uma constatação intrigante, ainda mais porque essa diferença não era pequena. Na maioria dos estudos, ela chega, em média, a 15 pontos quando se trata de testes que medem o quociente intelectual (QI) e a 100 pontos no SAT — o teste de admissão usado pela maioria das universidades americanas.

Em suas experiências, Aronson queria saber o motivo que causava essa diferença. Ele estava intrigado: seria a desigualdade intelectual entre negros e brancos um fator genético? Uma herança cultural? Ou estaria o desempenho dos estudantes negros sendo comprometido por fatores psicológicos implícitos, como complexo de inferioridade?

Aronson foi buscar a resposta para sua questão nos próprios universitários de Stanford. Primeiro, ele selecionou aleatoriamente um grupo de estudantes negros e brancos, de ambos os sexos. Em seguida, ele separou os estudantes em dois grupos mistos. Todos eles tinham 25 minutos para responder a 24 questões sobre temas diversos. Para um dos grupos, foi dito que a prova seria para medir o nível de conhecimento dos estudantes como um todo. A tarefa, portanto, se resumia a responder o questionário sem qualquer identificação pessoal. Aos estudantes foi dito que eles apenas precisavam responder as questões. Ninguém saberia se individualmente eles haviam se dado bem ou não. É claro, porém, que Aronson tinha como identificar os resultados de cada um. Para o outro grupo, foi dito algo bem diferente. Aronson explicou que o teste mediria o desempenho individual de cada estudante, e por isso, antes da prova, eles tiveram que preencher um formulário detalhado sobre características pessoais, identificando etnia, cor e ascendência.

Pensando superficialmente, os dois grupos deveriam ter resultados semelhantes. Afinal, o questionário era o mesmo, eles tinham o mesmo tempo disponível e seu histórico dizia que possuíam todos o mesmo nível intelectual. Mas será que foi isso que aconteceu? Estranhamente, não. A diferença entre os dois grupos, na verdade, foi chocante. Aronson constatou que no primeiro grupo, quando os estudantes não precisavam se identificar, a diferença no desempenho entre as duas etnias era irrelevante. No segundo grupo, porém, pelo simples fato de os estudantes negros terem de revelar sua raça, o número de acertos em relação aos brancos caiu pela metade. Com a ajuda de colegas, Aronson repetiu a experiência várias vezes com grupos diferentes e em circunstâncias distintas. Em todas, o resultado foi o mesmo.

Que conclusão podemos tirar desse estudo? Será que ele mostra que os negros não têm a mesma capacidade intelectual que os brancos? É claro que não. Não há evidência alguma de que o problema com esses estudantes fosse algo como falta de inteligência ou de capacidade intelectual. Pelo contrário, o resultado desse estudo sugere bem outra coisa: ele nos dá indícios claros de que há uma ideia herdada de uma crença passada que diz que os negros são intelectualmente inferiores. Ao ativar essa ideia, ela se manifesta, consciente ou inconscientemente, nos resultados práticos da pessoa. Alguma coisa, em algum momento da vida desses estudantes, os fez pensar que eram inferiores por causa da cor de sua pele. E quando eram solicitados a identificar sua etnia, lembravam-se de que eram negros e algo que reduzia seu desempenho era ativado no cérebro. Em outras palavras, isso quer dizer que o desempenho desses estudantes era, pelo menos em parte, consequência daquilo que eles pensavam sobre si.

E será que esse fenômeno acontece apenas no que se refere à cor da pele? É claro que não. Na verdade, esse estudo pode nos ensinar muito sobre o que produz os resultados que obtemos ao longo da vida. Acredito que, assim como os estudantes negros desse estudo, todos nós carregamos dentro de nós uma ideia de quem somos. Ela funciona como se fosse uma fotocópia mental, uma imagem de nós mesmos. Para muitos, essa imagem é extremamente clara. Para alguns, ela é vaga e mal definida. Para outros, talvez, nem seja possível reconhecê-la. Mas, em todos, ela está ali, definida até o último detalhe. Essa imagem é a ideia central que temos sobre nós. O que é essa ideia central? Ela é nossa própria compreensão do tipo de pessoa que acreditamos ser. E acredite ou não, embora muitas vezes pensemos que somos flexíveis e objetivos, no fundo, a forma como vemos a nós mesmos, as circunstâncias e os outros quase sempre é filtrada e obscurecida pelas noções e conceitos preexistentes que compõem essa ideia central.

Por exemplo: quando os estudantes negros foram obrigados a revelar sua etnia, isso não reduziu sua inteligência, mas ativou uma crença implícita, possivelmente herdada de certas convenções sociais, que afetou de maneira drástica os resultados que eles obtiveram nos testes. E você consegue ver as consequências? Não importa o seu nível de preparo, o esforço com que você se dedicou ao longo dos anos, se a ideia que você tem sobre si mesmo é afetada por um preconceito de inferioridade, o resultado sempre será impactado por essa ideia.

Existem aqui, então, duas lições importantes. A primeira nos mostra que grande parte dos resultados que obtemos na vida é determinada pela ideia central que temos sobre nós — que é a compreensão, muitas vezes inconsciente, do tipo de pessoa que acreditamos ser. A segunda lição deriva da primeira. Se nossos resultados são determinados pela nossa ideia central, pessoas que desenvolvem uma ideia de si voltada para o sucesso obterão sucesso. Pessoas que desenvolvem uma ideia de si voltada para o fracasso terão como resultado o fracasso.

Acho que suspeitamos naturalmente desse tipo de conclusão. O mundo em que vivemos presume que o impacto que faremos com nossa vida está diretamente relacionado a fatores externos. Que tem pouco ou nada a ver com aquilo que pensamos sobre nós. Espero, porém, que até o final deste livro você mude de ideia. Entretanto, mais que isso, desenvolva uma ideia central baseada nos princípios corretos que possam lhe dar o estilo de vida que deseja.

Para isso, antes de mais nada, precisamos compreender que todos nós temos uma série de convicções que formam nossa ideia central. Essas convicções filtram a visão que temos de nós e do mundo a nossa volta. Elas são uma poderosa influência que colore ou obscurece nossas relações com pessoas, circunstâncias e até mesmo a relação que temos com nós mesmos. Essas convicções são uma espécie de afirmação de identidade que define quem somos para nós mesmos.

E de onde surgem essas afirmações de identidade? Elas são o resultado daquilo que digerimos silenciosamente ao longo da vida. Elas se formam a partir daquilo que assimilamos, das lições que aprendemos, dos livros que lemos, das experiências que tivemos, das pessoas com as quais nos relacionamos, e assim por diante. Isso tudo acaba formando uma opinião consistente sobre nós. Essa opinião se torna um núcleo, um eixo firme sobre o qual gira nosso mundo. Uma vez que esse núcleo é formado, não questionamos mais sua veracidade, simplesmente agimos como se seu teor fosse a verdade.

Em tese, então, o estudo de Aronson nos revela que as convicções que temos sobre nós mesmos possuem um impacto decisivo sobre nossos resultados. Esse impacto se manifesta principalmente em momentos mais críticos, quando estamos sob pressão, lidando com um problema. O que se impõe, nesse caso, não é necessariamente o que sabemos, mas aquilo que pensamos sobre nós. Assim como os estudantes negros, não escolhemos deliberadamente esse tipo de reação. Ela se manifesta por si só. Ela é o resultado daquilo em que acreditamos secretamente, mesmo sem saber. E ela divide as pessoas em duas categorias: os acanhados e os atrevidos. Em qual delas você está?

4

Em 1967, após ter sido expulso de cinco colégios em menos de três anos, Philippe Petit decidiu abandonar a escola e deixar definitivamente a casa dos pais. Alugou um quartinho na Rue Laplace, próximo da Place Parvis e da Catedral de Notre-Dame, e se mudou para lá. Para sobreviver, fazia pequenos números de mágica em frente ao Café Les Deux Magots, um local frequentado pela elite cultural e artística de Paris.

Certa manhã, no inverno de 1968, assim que completou 17 anos, teve uma ideia incomum. Enquanto folheava um jornal na sala de espera de um dentista, seu olhar parou estático sobre uma reportagem. Ela falava da construção de dois edifícios similares, um ao lado do outro, no extremo sul de Nova York. Cada edifício teria 110 andares. Seriam os mais altos do mundo. "Cem metros mais alto que a Torre Eiffel", a manchete dizia. E, logo abaixo, a linha de apoio explicava: "É o World Trade Center de Nova York". Quase por instinto, fez um traço ligando o topo das duas torres. Em seguida, separou a página do jornal, dobrou-a e a enfiou no bolso da jaqueta. Depois, deixou o local às pressas.

Assim que chegou ao seu quartinho na Rue Laplace, se abaixou e tirou de baixo da cama uma pequena caixa vermelha. Abriu-a com cuidado, colocou a página do jornal nela. Depois, fechou-a e a guardou outra vez de onde a havia tirado. Na sua mente, uma ideia fervilhava. Assim que a construção das torres fosse concluída, iria subir até o topo de uma delas, estender um cabo de aço até o topo da outra e caminhar sobre esse cabo, de uma torre a outra, sem nenhum tipo de proteção.

Imediatamente começou a praticar. Teve certa facilidade em aprender a andar sobre cordas e cabos de aço. Isso não parecia um problema. Conseguia fazer malabarismos sem qualquer interferência da gravidade. Mas logo percebeu um vilão. Havia um inimigo que precisava vencer e que sequer havia encarado: o medo. Certo dia, decidiu que havia chegado a hora. Ao olhar pela janela, lá longe, viu as majestosas torres da Catedral de Notre-Dame e teve uma ideia. Iria colocar um cabo de aço entre as duas torres e surpreender Paris. Era do que precisava para mandar um recado ao medo. Nos meses seguintes, visitou a catedral quase todos os dias. Depois de algum tempo, quando se sentiu pronto, secretamente tirou algumas medidas, elaborou um plano de ação e o apresentou a alguns amigos. Três anos depois, com o auxílio de três amigos, se infiltrou na catedral, subiu até o topo das torres, estendeu um cabo de aço entre elas e desapareceu. Na manhã seguinte, quando Paris acordou, Philippe apareceu caminhando sobre o cabo estendido entre as torres.

Dois anos depois, partiu para Sydney, na Austrália. Lá, certa manhã, apareceu caminhando sobre um cabo de aço estendido, também clandestinamente, entre os pilares da ponte da baía de Sydney, famosa por ser a ponte de arco em aço mais elevada do mundo. Quais eram os objetivos dessas aparições polêmicas e proibidas? A resposta de Philippe foi: "Sem essas caminhadas clandestinas, será que eu teria condições de retornar até a caixa vermelha, guardada debaixo da minha cama, para encarar uma construção mais oponente e poderosa?".

5

O que faz alguém ser um atrevido? O primeiro critério — e o mais óbvio — é que os atrevidos têm a audácia de definir objetivos ousados quando ainda não têm condições de realizá-los, e não permitem que a dúvida ou a insegurança os segure. Larry Page e Sergey Brin queriam melhorar o sistema de buscas da internet. Nando Parrado queria tirar os sobreviventes do meio dos Andes. Bush queria ser presidente dos Estados Unidos. Philippe Petit queria ir de uma torre do World Trade Center a outra sobre um cabo de aço sem proteção. Todos transmitem uma sensação de que não há limites para o que pretendem conquistar. E se cavoucarmos um pouco mais fundo, veremos que todos seguem um padrão. Eles cultivam uma espécie de desejo ardente que, em algum momento, se transforma em uma ideia. Depois, convertem essa ideia em um objetivo claro e específico que se torna uma espécie de obsessão. No passo seguinte, elaboram um plano para realizar esse objetivo e avançam nele até realizá-lo. Isso não quer dizer que eles não tenham dúvidas e incertezas sobre a sua capacidade de realizá-lo, ou que tenham a autoimagem perfeita quando estabelecem esse objetivo. Ou, ainda, que se lançam de olhos vendados a missões impossíveis. Pelo contrário: ao definir exatamente o que querem, desenvolvem uma combinação de habilidades mentais que lhes possibilita enfrentar, positivamente, os desafios que se impõem.

Sei que pode ser difícil acreditar que definir objetivos ousados tenha todo esse impacto na nossa vida. Pensamos que essa ideia é coisa que livros de autoajuda nos ensinam, mas que, na prática, é bobagem. Mas não é bem assim. Se eu lhe perguntar se você irá comprar um aparelho celular novo nos próximos seis meses, por exemplo, certamente pensará que isso não terá influência nenhuma no fato de você comprar ou não esse aparelho novo. Mas, na verdade, essa simples pergunta é um ponto crítico que aumenta em muito as chances de você comprar o aparelho.

No início da década de 1990, um grupo de psicólogos pediu a milhares de pessoas se elas pensavam em trocar de carro nos próximos seis meses. Só isso. Nada mais. Na segunda etapa do estudo, seis meses depois, os pesquisadores pediram às mesmas pessoas para responder um segundo questionário. Dessa vez, eram várias perguntas sobre comportamentos pessoais. Entre essas perguntas, porém, havia uma que realmente interessava. Agora, eles queriam saber quem dessas pessoas havia trocado de carro no último semestre.

Nessa segunda etapa, houve outro detalhe: além das pessoas que haviam respondido o questionário anterior, os pesquisadores incluíram, nesse momento, um segundo grupo que não havia respondido o questionário anterior. O que eles queriam saber era se havia uma diferença entre o percentual de pessoas desses dois grupos que havia trocado de carro nos últimos seis meses. Em outras palavras, será que ter respondido a uma simples pergunta, seis meses antes, se planejavam ou não trocar de carro nos próximos seis meses, teria alguma influência em se essas pessoas de fato trocariam de carro?

Para surpresa dos pesquisadores, o resultado foi positivo. Das pessoas que responderam o questionário somente uma vez, na segunda etapa do estudo, apenas 2,4% haviam trocado de carro nesse período. Em contraste, no grupo que havia sido perguntado seis meses antes se eles estavam pensando em trocar de carro, o percentual era de 3,3%. Talvez isso não pareça muito. De fato, a diferença é pequena. Mas lembre-se: estamos falando de trocar de carro. E a única influência foi responder a uma pergunta simples num questionário. Então, se perguntar a alguém sobre um provável comportamento aumenta a possibilidade de essa pessoa se comportar dessa forma, imagine o impacto que uma obsessão por um objetivo pode ter ao longo da vida.

Outro critério, não tão óbvio assim, é o modo como os atrevidos se relacionam com a ideia central que possuem sobre si mesmos. Na maioria das pessoas, essa ideia é fixa, é uma ideia estabelecida e que, muitas vezes, se mantém praticamente a mesma pela vida inteira. Para um atrevido, é o oposto. Perceba que Philippe Petit tem o sonho de estender um cabo de aço entre as Torres Gêmeas e caminhar de uma a outra por esse cabo. Perceba também que há uma expectativa que lhe diz que ele é capaz de fazê-lo, mas ao mesmo tempo ele sabe que ainda não se sente preparado. Tudo que ele possui, no momento, é um desejo ardente que o impele. Porém Philippe não se resume a alimentar esse desejo de forma passiva. Passo a passo, por meio de conquistas gradativas, ele está construindo, em sua ideia central, a confiança necessária para superar seu desafio maior. Essa é a fórmula prática. Do dia em que teve a ideia até caminhar sobre os arcos da ponte de Sydney se passaram seis anos, nos quais esteve desenvolvendo as condições necessárias, incluindo uma ideia central sobre si que lhe desse os mecanismos necessários para atingir seu objetivo.

Outro exemplo claro é Roger Bannister. Até 1954, especialistas de todas as áreas diziam que seria impossível um ser humano correr a distância de 1 milha num tempo inferior a quatro minutos.

No dia 6 de maio daquele ano, o inglês Roger Bannister, um estudante de medicina de Oxford, quebrou esse recorde. Pela primeira vez na história, um ser humano conseguiu correr a distância de 1 milha em menos de quatro minutos. O momento foi tão marcante que a revista *Sports Illustrated* o considerou o evento esportivo mais importante do século XX.

E o que aconteceu após Bannister bater essa marca? Algumas semanas depois, o australiano John Landy também quebrou o recorde. Um mês mais tarde, outro atleta repetiu a façanha. Depois outro, e mais outro. Em apenas três anos, dezessete corredores haviam repetido o feito de Bannister e quebrado o recorde.

O que aconteceu? A distância encurtou? O potencial físico dos atletas se alterou num curto período de dois ou três meses? É claro que não. O que mudou foi a convicção desses atletas. Antes, ela dizia que era impossível correr 1 milha em menos de quatro minutos. Bannister mostrou que isso era possível. E uma vez que essa convicção se quebrou, fazê-lo, na prática, ficou mais fácil.

O fato curioso é que a façanha de Bannister não foi acidental. Durante anos, ele vinha se preparando de forma deliberada na intenção de quebrar esse recorde.

Essa atitude de se opor ao conhecimento analítico dos especialistas, que dizia ser impossível correr 1 milha em menos de quatro minutos, só é possível quando possuímos uma confiança interna maior do que as percepções externas. E essa é uma característica essencial do atrevido. Mesmo com conhecimento científico afirmando a impossibilidade de bater essa marca, Bannister estabeleceu seu próprio limite e o impôs como desafio. Acreditou que poderia fazê-lo e o fez.

É claro que não conseguimos desenvolver uma ideia central diferente da que possuímos hoje só com força de vontade, pensamento positivo ou, simplesmente, por decidir que será assim. Precisa haver uma razão mais profunda, um desejo intenso que desafie a imagem antiga, coloque-a em confronto com situações novas e com ações concretas. Um conjunto de ações práticas que desmascare as convicções que compõem a ideia central atual. Você não pode mentalmente querer imaginar-se de uma forma diferente. É preciso, primeiro, agir diferentemente, e essa ação, com o tempo, mudará a forma como você pensa.

O terceiro critério que define um atrevido é o fato de que ele consegue ver seu resultado de forma clara muito antes de atingi-lo. Se você quer construir uma casa, mas não define o tipo de casa, certamente nunca começará a construí-la. Quando ele cria um propósito definido maior do que aquilo que são hoje, necessariamente, desafiam suas convicções. De um lado, existe o desejo de querer realizar o objetivo definido. De outro, a ideia central que possui sobre si, impondo suas limitações. Nesse momento, terá uma escolha a fazer, e, para mudar, ele precisa agir, apesar de sua autoimagem não estar à altura de realizar o objetivo que escolheu. Foi isso que Philippe Petit fez.

Essa é a importância de ter um objetivo definido. Ele é o que traz foco para nossa vida. Foco exige ação, e a ação estimula a criação de padrões mentais alinhados com a realização do nosso foco. Ele evita dispersões.

Querer alcançar sucesso, por exemplo, é um objetivo, mas não é um objetivo claro e específico. Qualquer pessoa comum tem um objetivo vago e indefinido, e por isso elas são comuns. Pessoas geniais têm objetivos claros e definidos, e por isso elas são geniais.

Enquanto esse objetivo não for muito claro, a ideia central que você tem sobre si, feita de convicções que não escolheu deliberadamente, irá se impor e impedir que você mude. Definir um propósito é impor seu desejo sobre sua ideia central e exigir que ela se adapte às necessidades que a realização desse propósito exige. Definir um propósito, então, cria a capacidade para que você escolha suas convicções.

Certo dia, de volta a Paris, Philippe leu um artigo numa revista dizendo que o World Trade Center estava de pé. Assim que conseguiu economizar dinheiro suficiente para a passagem, estava na Chamber Street, no sul de Manhattan, olhando para as torres. Foi até uma das colunas laterais, encostou o queixo sobre a barra de alumínio e, forçando a vista para cima, percorreu a construção em busca do topo. "Não havia topo. Aquela parede não tinha fim. Em vez de acabar, ela se transformava em céu!", lembra. "Fiquei possuído por um sentimento de medo, de invalidez. O tamanho, a altura, a imponência, tudo junto, formavam uma única palavra que ecoava na minha mente: impossível! Eu olhava, piscava, observava, analisava e sempre voltava à mesma conclusão: impossível! Meu sonho era impossível!"

Philippe furou o esquema de segurança, meteu-se no elevador e subiu até o topo. Parado no alto, olhava à sua volta. Diante do que via, cada vez mais, seu sonho desmoronava. Ele, então, se aproximou da margem de uma das torres para observar a outra. De qualquer ângulo, sob qualquer circunstância, o desejo cultivado há anos agora lhe parecia impossível. Tentou se acostumar com a ideia, até que sentiu algo dentro dele dizer: "Eu sei que é impossível, mas também sei que vou fazê-lo".

Perceba que existe algo de belo na sutileza desse pensamento de Philippe. Essa beleza é o atrevimento em ação. Numa visão mais ampla: ele estabelece o limite e, depois, se permite desafiá-lo. E nesse desafio não permite insensibilidade nem diferença.

De onde vem esse sentimento otimista, afirmativo, contrário ao pensamento superficial de impossibilidade? Do mesmo lugar de onde vinha o sentimento que afetou os estudantes negros no estudo de Aronson, ou seja, da ideia central que Philippe tinha sobre si mesmo. Embora um sentimento superficial lhe dissesse que era impossível atravessar o vão entre as duas torres, outra ideia, muito mais poderosa, se impôs: a ideia de que ele não aceitava a noção de impossibilidade.

Nos meses seguintes, de volta a Paris, Philippe começou a planejar. Sempre que podia, ia a Nova York em busca de mais informações, de qualquer subsídio que pudesse ajudá-lo. Numa das vezes, para conversar com os operários e engenheiros que concluíam os últimos andares se fez passar por jornalista e conseguiu permissão da diretoria do World Trade Center. Noutra, burlou o sistema de segurança e acabou pisando sobre um prego. Mas mesmo machucado, sem conseguir caminhar direito, dava um jeito de subir ao topo. Em determinado momento, chegou mesmo a alugar um helicóptero por 15 minutos para sobrevoar os prédios. Queria, pelo menos por alguns minutos, estar acima das torres, se sentir superior a elas.

Mas havia outro problema: seu plano era ilegal. Jamais conseguiria autorização das autoridades americanas para cruzar o vão das torres sobre um cabo de aço. O risco era alto demais. Por isso, para concretizar seu plano, precisava burlar o sistema de segurança. E não havia como fazer tudo sozinho, escondido dos seguranças. Precisava da ajuda de pelo menos três pessoas. E conseguir isso parecia impossível. Se algo acontecesse com Philippe, os participantes seriam considerados cúmplices. E ninguém queria correr esse risco. Sempre que Philippe conseguia convencer alguém, a pessoa acabava desistindo assim que chegava ao topo do prédio e via a loucura que a ideia representava. Uma vez, estava tudo organizado. Philippe se deslocou de Paris para Nova York e, na hora de armar o esquema, dois membros desistiram. Frustrado, ele teve que voltar a Paris. Mesmo assim, não desistiu. Meses depois, tinha outra equipe, outro plano e outro dia marcado.

No dia 6 de agosto de 1974, ele e três outras pessoas despistaram o sistema de segurança, subiram ao topo do World Trade Center, estenderam um cabo de aço entre as duas torres e esperaram o dia amanhecer. Assim que o sol mostrou a cara por trás do oceano Atlântico, Philippe Petit apareceu no vão abissal dos 110 andares das duas torres. Nas ruas abaixo, multidões pasmadas e incrédulas se juntavam para ver os 45 minutos de apresentação, enquanto Philippe andou sobre o cabo de aço, de uma torre a outra, oito vezes.

Philippe Petit havia criado um momento épico. A façanha fez com que ele fosse aclamado pelo mundo inteiro pela sua coragem, irreverência e atrevimento. Ironicamente, ao descer dos cabos de aço estendidos sobre as Torres Gêmeas, assim como em todas as outras apresentações que eram clandestinas, ele foi preso. Mas mesmo os policiais que o algemavam manifestaram sua simpatia e admiração por ele. E é fácil entender por quê. O mundo reverencia pessoas atrevidas que desafiam o convencional e que correm atrás da realização de seus desejos.

7

Olhe para a primeira palavra deste parágrafo e, depois, mantendo os olhos fixos nela, tente ler o resto da página. É impossível, certo? Por quê? Quando você lê, embora tenha a noção de estar vendo a página inteira, o livro e mais uma série de coisas à sua volta, o que realmente está vendo é apenas um ponto de foco. Esse ponto se resume a uma palavra-chave mais alguns caracteres à esquerda e outros à direita. O mesmo acontece com nosso pensamento. Quando pensamos, conseguimos focar com clareza apenas uma ideia de cada vez.

Como foi que Nando Parrado, alguém que, sem cuidados médicos, sobreviveu a três dias em coma, e tendo que lidar com a emoção de perder a mãe, a irmã e alguns dos seus melhores amigos, se tornou uma peça fundamental no resgate dos sobreviventes dos Andes? Todos tinham o desejo de sair dali. Mas por que somente Nando foi bem-sucedido?

Tudo começou com uma história que Seles, o pai de Nando, contou para ele muitos anos antes do acidente. Seles fora, quando jovem, um dos mais vigorosos atletas de remo do Uruguai. Em determinado verão, ele participou de uma competição de remo no delta do Tigre, no rio da Prata, na divisa entre a Argentina e o

Uruguai. Assim que começou a corrida sobre as águas, ele rapidamente conseguiu avançar sobre os demais competidores, afastando-se deles, exceto de um argentino. Os dois seguiam lado a lado, liderando a prova. Em quase todo o trajeto, um tentava arrancar um mínimo de vantagem sobre o outro. Mas os dois seguiam empatados. Quase na reta final, por um instante, Seles acreditou que seria impossível vencer o argentino.

Seus pulmões queimavam, as pernas se retorciam em câimbras, os músculos dos braços tremiam. Achou que não conseguiria. Que não valia a pena. Que seria melhor desistir. Tudo que queria era parar de remar, deixar a cabeça cair sobre os joelhos e acabar com o sofrimento. Haveria outras corridas, ele se consolava. Entretanto, antes de se entregar, ele olhou para o argentino. Percebeu que ele também estava fisicamente acabado. Seu rosto refletia agonia pura. "Meu pai percebeu que seu adversário estava sofrendo tanto quanto ele", contou Nando, mais tarde. "Então, ele decidiu persistir mais um pouco. Não iria desistir. Ele não se importava em sofrer um pouco mais, mas em vencer a competição", explicou.

Nos Andes, cada vez que Nando pensava em desistir, em se render às perdas e agruras que as montanhas lhe impunham implacavelmente, ele se lembrava do pai e tentava, de um jeito ou de outro, suportar a dor mais um pouco. "Eu ouvia meu pai contando a história uma vez mais e depois dizer: Seja forte, Nando! Seja esperto, inteligente! Crie sua própria sorte!"

Pode parecer difícil de acreditar, mas essa é uma das principais características dos atrevidos. Uma vez que você possui um objetivo definido, irá encontrar inúmeras resistências, obstáculos e desafios. Para superar esses desafios, você precisa manter o foco e persistir o tempo que for necessário. E nesses momentos é extremamente vantajoso ter ideias âncoras para se agarrar cada vez que a ideia central tentar convencê-lo a desistir do seu objetivo.

Nando Parrado poderia, compreensivelmente, se agarrar às imagens das suas perdas e se entregar ao desespero e ao fracasso. Muitos o fizeram. Mas ele se rebelou contra essa ideia, e de forma atrevida escolheu outro tipo de pensamento. "Olhe para a frente. Guarde as forças para as coisas que você pode mudar. Se você se agarrar ao passado, irá morrer", ele pensava.

Um objetivo claro ajuda o atrevido a escapar dos limites que a maioria de nós cria como âncoras. Muitas vezes expressamos essas âncoras mentais em pensamentos corriqueiros como "não sou capaz", "é difícil demais", "é impossível". Parece estranho, mas praticamente todos nós criamos âncoras para definir nossos limites. Como não sabemos onde estão esses limites, e nem mesmo temos como sabê-lo, porque eles não existem, criamos âncoras mentais para definir o que podemos fazer ou não. Onde está o problema desse processo? Uma vez criado um limite, deixamos de questionar sua veracidade. Passamos a consumi-lo como se ele fosse uma verdade absoluta e inquestionável. Dessa forma, ele cria uma espécie de ilusão do conhecimento, fechando possibilidades para a expansão. O primeiro passo, então, é criar as âncoras certas. E é sobre isso que trata este livro.

8

Nos dias que sucederam o ataque, por todo o país, os americanos estavam chocados com as imagens do horror e choravam a morte de milhares de pessoas. Eles se sentiam ofendidos, com medo e inseguros em relação ao que viria a seguir. A nação, para não dizer o mundo, esperava uma atitude forte, positiva, qualquer coisa que lhe devolvesse a esperança.

Foi então que Bush criou seu momento épico. Três dias depois do atentado, ignorando todas as recomendações de sua equipe de segurança, numa atitude atrevida, ele foi ao Marco Zero, como também era chamado o World Trade Center. Entre os escombros, abraçou bombeiros, conversou com policiais e apertou a mão de membros da equipe de resgate. Bush, então, subiu numa plataforma feita de escombros e, abraçado a um bombeiro, de lá mesmo, agradeceu às pessoas que estavam trabalhando.

"O país transmite seu amor e sua compaixão a todos os que estão aqui", ele gritou, mesmo sem microfones.

Quando alguns, mais distantes, gritaram que não conseguiam ouvi-lo, ele gritou de novo.

"Eu consigo ouvir vocês. O resto do mundo ouve vocês. E as pessoas que derrubaram esse prédio nos ouvirão em breve."

Pode parecer um gesto simples, mas, com ele, o ânimo das pessoas, exaustas e desoladas com a busca de corpos entre os escombros, se alterou. Elas passaram a se sentir valorizadas, compreendidas e seguras. E assim aconteceu com o resto do país.

Por isso, dizer que Bush se tornou presidente porque foi filho de ex-presidente certamente é um equívoco. Mas não é um equívoco dizer que ele se tornou presidente porque, como filho de ex-presidente, tornou-se atrevido o suficiente para acreditar que poderia fazer qualquer coisa, até mesmo se tornar presidente.

CAPÍTULO 2
A INVENÇÃO DE NÓS MESMOS

> *Nós inventamos nossas lembranças, o que é o mesmo que dizer que inventamos a nós mesmos, porque nossa identidade reside na memória, no relato da nossa biografia.*
>
> **ROSA MONTERO**
> Escritora e jornalista espanhola

1

Em 1995, o clarinetista suíço Binjamin Wilkomirski publicou o livro *Fragmentos: Memórias de uma infância*. Wilkomirski conta a história de um homem que, aos 50 anos, decide ir em busca de sua verdadeira identidade e descobre uma coisa chocante: que ele havia passado a infância em dois campos de concentração. A história não é uma ficção, mas uma biografia. Nela, Wilkomirski, pelos olhos e a voz de uma criança, narra um fragmento da sua própria infância como sobrevivente nos campos de Majdanek e Auschwitz.

Assim que chegou às livrarias, o livro se tornou um enorme sucesso de crítica e de venda. Em menos de três anos já havia sido traduzido para doze línguas. Críticos do mundo inteiro o consideravam uma obra-prima. Muitos até o comparavam às obras de Homero e Cervantes. Wilkomirski tornou-se uma celebridade. Foi convidado para eventos no mundo todo, nos quais falava sobre sua experiência como sobrevivente do Holocausto.

Recebeu prêmios notáveis, como o Jewish Quarterly na Grã-Bretanha, o National Jewish Book Award, o do Museu do Holocausto nos Estados Unidos e o Prêmio da Memória da Shoah na França.

Porém o livro tinha um problema. Havia indícios de que algo não estava certo. O primeiro a levantar essas suspeitas foi o escritor judeu Daniel Ganzfried. Ao ler o livro, se viu intrigado com uma passagem em que o autor fala sobre sua certidão de nascimento. "O documento, que tenho agora nas mãos — um atestado provisório —, traz como minha data de nascimento 12 de fevereiro de 1941." E acrescenta: "Essa data, porém, não coincide com a história de minha vida ou com minhas lembranças. Tomei medidas legais contra essa identidade decretada. A verdade juridicamente atestada é uma coisa; a verdade de uma vida é outra".

Ganzfried ficou desconfiado. Mas o que exatamente estava errado com a história? Ele não sabia. A narração em primeira pessoa, a referência a cidades e vilarejos reais, os detalhes da rotina nos campos de concentração, o sofrimento do narrador, tudo colocava um halo de veracidade no texto. Mas a ideia de ter duas verdades na história — a jurídica e a da vida — o confundia. Assim, decidiu investigar a história e o autor. Meses depois, em agosto de 1998, revelou ao mundo o que havia descoberto. E era algo chocante: Binjamin Wilkomirski, assim como seu livro, era uma fraude. Na verdade, Wilkomirski não era judeu nem descendente de judeus. Seu nome real era Bruno Grosjean. Havia nascido em 1941. Era filho de mãe solteira, chamada Yvonne Grosjean. Depois de ser entregue a um orfanato, foi adotado por um casal suíço que o criou. Bruno nunca havia estado num campo de concentração.

Por que Bruno Grosjean inventou tudo isso? De um ponto de vista convencional, a resposta parece óbvia. Obras biográficas que envolvem o Holocausto têm um contexto receptivo impressionante à sua espera e vendem muito. Por um lado, existe todo um aparato cultural e histórico — editoras, imprensa, historiadores e psicólogos — que se dedica a esse tipo de literatura. Por outro, textos sobre esse tema despertam nossa curiosidade. Eles tocam as pessoas. São um produto de fácil consumo. Assim, a suposição inicial é que Grosjean teve a intenção clara de se aproveitar desse aparato para facilmente promover a si e ao seu livro.

Mas existe outro ponto de vista bem menos convencional. E sua análise é crucial para entender como construímos a ideia central que temos sobre nós. Ele nos sugere que Grosjean talvez não tenha criado essa farsa intencionalmente. Que o que aconteceu pode ter sido muito mais sutil e insidioso do que aquilo que nos apressamos a pensar sobre casos como esse. Na verdade, Bruno Grosjean talvez tenha sido enganado pela memória. Quando estava escrevendo o livro, pensou que havia descoberto a verdade. Que aquilo de fato tinha acontecido. É claro que normalmente sabemos quando estamos falando a verdade ou quando mentimos. Mas o que estou dizendo é um pouco mais controverso. Estou dizendo que Grosjean não estava mentindo nem falando a verdade. Parece complexo? Acontece que é aqui que nossa investigação começa a se tornar interessante.

2

No dia 13 de março de 1964, o jornal *The New York Times* publicou um artigo de capa que dizia: "37 que viram o assassinato não chamaram a polícia". A notícia se referia ao assassinato de Kitty Genovese, uma mulher de 28 anos, que residia num conjunto habitacional chamado Kew Gardens, no Queens. De acordo com o *New York Times*, o assassino de Genovese perseguiu-a e a atacou três vezes na rua em frente ao seu apartamento no condomínio. O ataque durou cerca de meia hora. Ela gritou e pediu ajuda. Mas foi em vão. O socorro não veio. Da janela de seus apartamentos, 37 vizinhos assistiam à cena. Nenhum deles, dizia o jornal, telefonou para a polícia. Dias depois, o número subiu para 38. "Ninguém sabe dizer por que as 38 pessoas não pegaram o telefone enquanto Kitty Genovese estava sendo atacada", declarou Abe Rosenthal, editor do periódico. Rosenthal, mais tarde, escreveu um livro sobre o incidente. Chamou-o *Trinta e oito testemunhas*.

Poucos crimes em Nova York comoveram tanto a população como esse. A cobertura da imprensa foi ampla, longa e constante. "Vinte anos depois do assassinato de Kitty Genovese, a pergunta persiste: por quê?", estampava uma manchete do *New York Times* em 1984, duas décadas depois do crime, questionando a razão pela qual nenhum dos 38 moradores havia chamado a polícia. Uma década depois, no trigésimo aniversário do incidente, o presidente Bill Clinton visitou o bairro. "Esse crime nos mostrou não apenas que estamos em perigo, mas também que estamos sozinhos", ele declarou em seu discurso. Psicólogos criaram teorias para justificar o comportamento dessas 38 pessoas. Se você separasse os dez livros de psicologia social mais populares das escolas americanas, encontraria a história de Genovese em todos eles; trata-se de um exemplo do comportamento social moderno.

A fama desse crime faz sentido por três motivos. Primeiro, porque a morte de Genovese aconteceu alguns meses depois do assassinato de John Kennedy, uma época em que a criminalidade explodia nos Estados Unidos e ninguém parecia ter controle sobre nada. Segundo, porque foi um crime brutal. E crimes brutais têm esse impacto sobre nós. E por último, porque a história ilustra o isolamento e a indiferença social nas grandes cidades. O relato de que havia 38 testemunhas assistindo passivamente ao assassinato da jovem é espantoso e perturbador.

Porém existe outro fato nessa história que a torna ainda mais intrigante. Joseph De May é um advogado que mora há quase quarenta anos no Kew Gardens. Em 2002, ele decidiu criar um blog para contar a história do condomínio. Ele conversou com os moradores, analisou documentos, leu os registros policiais e ouviu inúmeras testemunhas. E ao confrontar suas constatações com a manchete do *New York Times* percebeu uma incoerência. Ele concluiu que foi muito improvável que qualquer morador do condomínio de fato tivesse entendido, naquela madrugada, o que estava acontecendo na rua em frente ao condomínio. "Sim, houve um assassinato", ele conta. "Sim, algumas pessoas ouviram algo. Mas a maioria das 38 pessoas consideradas espectadoras não viu nada. As que viram ou ouviram alguma coisa dizem ter sido algo que não entenderam, relembrando que o crime ocorreu às 3 horas da manhã, quando estavam dormindo." Em outras palavras, há fortes suspeitas de que o único motivo pelo qual nenhuma das 38 pessoas chamou a polícia foi porque ninguém sabia o que estava acontecendo.

Suponha que você seja morador de um bairro numa grande metrópole como Nova York. São 3h30 da madrugada. Lá fora, está frio. Você está dormindo. E então acorda. Ouve barulho, discussão e gritos abafados vindos da rua. Qual é a chance de você levantar-se, acender a luz do quarto e ficar na janela, tentando entender o que está acontecendo? E, mesmo que o faça, será que veria claramente o que está acontecendo? É difícil saber. Mas qual é a chance de 38 pessoas fazerem isso?

Então de onde surgiu essa história das 38 testemunhas? Dias depois do assassinato, Abe Rosenthal almoçou com Michael Murphy, um delegado de polícia de Nova York, que lhe contou a história dos 38 espectadores. "Esse assassinato é daqueles que fazem história em livros", Murphy teria dito a Rosenthal. No dia seguinte, a história estava na capa do jornal. Nos anos seguintes, como Murphy havia previsto, ela fez história também nos livros.

3

Há três lições cruciais aqui. A primeira é sobre o impacto e o poder que uma ideia criada pelo ambiente cultural em que crescemos tem sobre nós. De certa forma, vivemos em dois mundos. Um é o mundo das verdades absolutas — que são os fatos em si, tal como eles acontecem. E o outro é o mundo das verdades relativas — que são as ideias, as interpretações dos fatos em si.

No caso de Kitty Genovese, só pode haver uma verdade absoluta: o fato em si. Por outro lado, existem várias interpretações desse fato, que são as verdades relativas. Elas dizem respeito ao fato, mas não são o fato. Percebeu algo interessante? Repare que a partir da reportagem do *New York Times* passaram a existir duas versões distintas do crime — a do fato em si e a da interpretação do fato. Em outras palavras, sobre a história verdadeira foi criada outra, diferente. E, aos poucos, a verdadeira ficou completamente esquecida, enquanto a criada a partir da interpretação da verdadeira tomou corpo e sobreviveu ao longo dos anos.

O mesmo acontece na nossa vida. No decorrer dos anos, vamos acumulando memórias — fatos, opiniões e circunstâncias — que, aos poucos, encobrem completamente quem verdadeiramente somos. Muitos de nós não têm a menor ideia de quem somos por causa disso.

A segunda lição se refere à nossa tendência de confundir esses dois mundos — o das verdades absolutas e o das verdades relativas. Nós, humanos, temos uma tendência natural de confundir nossa interpretação das coisas com as coisas em si. Agimos, sentimos e pensamos em relação a nós, aos outros e às circunstâncias de acordo com o que imaginamos ser a verdade. Acreditamos que as coisas são o que parecem. Que o mundo é da maneira como o vemos. Raras vezes levamos em conta que a mente fabrica o mundo que vemos de acordo com a ideia central que temos dele. E por que é importante levar isso em conta? Porque, em vez de vermos os fatos como eles são, nós os enxergamos de uma forma que eles não conflitam com a ideia que já temos formada em nossa mente, criando um mundo à parte — o mundo mental.

E daí? A partir de então, deixamos o mundo físico de lado e passamos a viver apenas o mundo mental. Esse tipo de confusão é difícil de reconhecer, porque ocorre de forma tão espontânea e natural que nem mesmo suspeitamos que esteja ocorrendo. No final, estaremos, em resumo, convencidos de que aquilo que extraímos de um fato é o fato em si. Mas quase sempre não é. Pense na consequência disso: viver sobre bases falsas.

A terceira lição é que, uma vez aceita a interpretação como o fato em si, não conseguimos mais agir como se ela não existisse. No caso de Genovese, por exemplo, ninguém se importa em corrigir as incoerências constatadas por De May. O mundo físico desaparece, e o mental toma seu lugar. Ou seja, cinquenta anos depois, ainda estamos criando teorias sobre uma história que, na realidade, nunca ocorreu.

O que isso significa? Uma vez que, por algum motivo, presumimos que não temos inteligência, talento, sorte ou as oportunidades necessárias para obter sucesso, interpretamos todos os eventos que acontecem conosco de forma que eles confirmem nossa crença. Em outras palavras, primeiro, através do que assimilamos pelas nossas próprias conclusões ou por influência de outras pessoas, criamos uma ideia central sobre nós. Uma vez criada, essa ideia central passa a influenciar o modo como assimilamos a nós e ao mundo à nossa volta. A partir de então, caímos num círculo vicioso, do qual dificilmente conseguimos nos libertar. Como escreveu a espanhola Rosa Montero no livro *A louca da casa*:

> Nós inventamos nossas lembranças, o que é o mesmo que dizer que inventamos a nós mesmos, porque nossa identidade reside na memória, no relato da nossa biografia. Portanto, poderíamos deduzir que os seres humanos são, acima de tudo, romancistas, autores de um romance único cuja escrita dura toda a existência e no qual assumem o papel de protagonistas.

Não é difícil imaginar por que andamos tão confusos, inseguros e amedrontados. Geralmente, temos uma ideia de quem somos. Mas e se eu lhe perguntasse quanto dessa ideia tem sua origem em memórias de interpretações distorcidas que você coletou ao longo da vida? Se Rosa Montero está certa, se nossa identidade reside na memória, o que é a memória?

4

Se eu lhe pedisse para definir a memória, e se lhe desse duas opções: a primeira, que ela é como um dispositivo de gravação — como uma pasta do Windows, por exemplo; e a segunda, que ela é como assistir a partes desconexas de uma reportagem. Qual combinaria melhor com a compreensão que você tem? Muitas pessoas, quando solicitadas a responder a essa pergunta, descrevem uma imagem bastante familiar. Elas afirmam que quando pensam sobre a memória a ideia que lhes vem à cabeça é o dispositivo de gravação similar a uma pasta do Windows.

De certo modo, isso faz sentido. Acreditamos que quando gravamos um fato na memória ele permanecerá lá, intacto, do jeito como o gravamos, assim como quando jogamos um arquivo numa pasta do Windows. E, se quisermos acessá-lo, basta despertar a memória e pronto, lá está ele, exatamente como o gravamos. Pode ser difícil de acreditar, mas se essa seria sua escolha, a maneira como você vê a memória está errada. Ela não funciona assim.

Qual é a explicação correta? Na verdade, tudo o que mantemos na memória passa por um constante e dinâmico processo de reforma e reconstrução. Ao longo desse processo, involuntária e inconscientemente, omitimos detalhes cruciais e adicionamos outros, alterando constantemente o conteúdo da lembrança armazenada. E não é difícil entender por quê. Nosso cérebro não consegue gravar e armazenar tudo o que a visão e os sentidos captam num determinado momento. Ele apenas grava alguns pontos essenciais — aqueles que mais afetam nossos sentidos —, e deixa enormes lacunas abertas. Essas lacunas serão preenchidas automaticamente sempre que trouxermos essa lembrança à tona. Por essa razão, recordar não é como abrir um arquivo no computador. É muito mais como assistir a algumas partes desconexas de uma reportagem e, em seguida, tentar preencher os espaços, criando conexões entre as partes para compor um todo.

Olhando para a memória nesse sentido, é bem fácil compreender por que a história de Grosjean não é muito diferente da história de Kitty Genovese. Qual a semelhança? Parece incoerente dizer que Bill Clinton e os psicólogos que elaboraram suas teses sobre a falsa versão da história estavam mentindo. Da mesma forma, também pode parecer incoerente dizer que Grosjean quis enganar o mundo com um diário falso sobre sua infância. Nos dois casos, tanto no de Grosjean como no de Genovese, criou-se uma ampla e robusta história sobre uma base falsa. Sem condições de reconhecer esse equívoco, essas pessoas continuaram alimentando a memória desse evento, com todas as discrepâncias que ela produziu.

Acho que preciso esclarecer uma coisa: essa não é uma explicação fora de contexto do que me propus neste livro. Os benefícios de compreender esse conceito são incalculáveis. Ela mostra um ponto fundamental do processo de formação da ideia central que temos sobre nós. Assim como criamos histórias falsas sobre fatos, eventos e circunstâncias, e as substituímos pelas histórias reais, também criamos uma história falsa sobre nós mesmos e a substituímos pela história real. Portanto, se quisermos entender o que nos faz do jeito que somos, temos que prestar atenção em muito mais coisas do que aquilo que a memória nos oferece. Precisamos compreender o que é sutil, o que está implícito e nos faz pensar como pensamos.

Neste capítulo, vamos fazer uma análise sobre como as crenças, normas e regras que compõem a ideia central que temos sobre nós se formam, e que impacto elas possuem na maneira como percebemos a nós e ao mundo em torno de nós.

Ao compreender esses dois pontos, estaremos prontos a retomar o controle sobre nosso verdadeiro eu. E compreender como chegamos à ideia que temos sobre nós é um bom começo.

5

No início do século XX, o médico e psicólogo suíço Édouard Claparède descobriu uma coisa intrigante sobre a memória. Uma de suas pacientes que sofria de amnésia não conseguia lembrar-se de quase nada. Cada vez que a visitava, Claparède tinha que se apresentar a ela. E isso quer dizer várias vezes ao dia. Ele então mudou sua estratégia. Passou a visitá-la a cada quinze minutos. Talvez, em espaços de tempo mais curtos, ela conseguisse reconhecê-lo. Mas, ainda assim, ela não conseguia lembrar quem ele era.

Claparède então decidiu fazer um teste. Antes de cumprimentá-la, escondeu um alfinete entre os dedos. Assim que ele apertou a mão da paciente, o alfinete que trazia entre os dedos a picou. Como era de esperar, ela imediatamente recolheu a mão. Mais tarde, quando o médico voltou a visitá-la, como de costume, ela não lembrava quem ele era. Mas quando ele estendeu a mão para cumprimentá-la ela ficou na defensiva. Negou-se a tocar na mão dele. Quando o médico perguntou por que ela havia escondido a mão, para sua surpresa, ela não soube o que dizer.

A experiência de Claparède chama a atenção para um fato importante. Ela revela que a memória não é, como muitas vezes somos levados a pensar, apenas a capacidade que nos transporta para eventos passados. Ela também é uma série de sensações implícitas das quais não temos consciência e que nos influenciam sem que percebamos. Chamo esse processo de raciocínio inconsciente.

Um jeito de entender como o raciocínio inconsciente funciona está num célebre estudo realizado por dois pesquisadores, Gary Wells, da Universidade de Ohio, e Richard Petty, da Universidade de Iowa. Primeiro, eles perguntaram a uma turma de alunos quem queria participar de um teste para uma indústria de fones de ouvido. Depois de recrutar os voluntários, entregaram os fones para os estudantes e explicaram que o objetivo do fabricante era testar o desempenho dos aparelhos quando a cabeça do ouvinte estava em movimento.

Os estudantes foram divididos em três grupos iguais, chamados A, B e C, e separados em salas diferentes. Cada um dos grupos recebeu instruções específicas sobre os movimentos que deveriam fazer com a cabeça enquanto ouvissem o conteúdo.

O grupo A foi orientado a movimentar a cabeça para cima e para baixo; o grupo B deveria mexer a cabeça para os lados; e ao grupo C foi pedido para manter a cabeça imóvel.

Primeiro, todos tiveram que escutar uma música de Linda Ronstadt. Depois uma dos Eagles. E, por último, um editorial de rádio que defendia o aumento das mensalidades da faculdade que frequentavam. O editorial sugeria um aumento dos atuais 587 dólares para 750. Após escutar as duas músicas e o editorial, os estudantes foram convidados a responder a um pequeno questionário sobre a qualidade dos fones e o seu efeito com os movimentos da cabeça. Mas havia um gancho: com certa discrição, Wells e Petty inseriram, no final do questionário, a pergunta que de fato lhes interessava. A pergunta era: na sua opinião, qual deveria ser o valor da mensalidade da faculdade?

Em termos, os três grupos deveriam ter a mesma opinião sobre o aumento das mensalidades. E sabemos que, na maior parte dos casos, universitários tendem a se manifestar contrários a esse tipo de aumento. Mas o resultado nesse experimento não foi o esperado. Na verdade, ele teve um aspecto bastante surpreendente. Para os estudantes do grupo C, que permaneceram com a cabeça imóvel, o valor atual, de 587 dólares, era o ideal. Os do grupo B, que mexeram a cabeça para os lados como se fosse um sinal negativo, acharam a ideia do aumento um absurdo. Para esses, o preço ideal seria em torno de 467 dólares. Ou seja, 120 dólares a menos do que o preço atual. O grupo A — aquele que mexeu a cabeça para cima e para baixo como se estivesse fazendo um movimento de concordância — concordou com o aumento do preço da mensalidade. Para os estudantes desse grupo, o valor ideal deveria ser de 646 dólares.

Percebeu a diferença? Mesmo sem saber que estavam fazendo um sinal que, em outras circunstâncias, significaria um movimento positivo ou negativo, a reação dos estudantes foi drasticamente influenciada por esses movimentos.

Outra prova bastante convincente da influência do raciocínio inconsciente sobre nossas escolhas está no estudo de um grupo de estudantes de Stanford. Esses estudantes decidiram analisar um ponto bem específico: se a influência do preço do vinho é capaz de alterar seu gosto.

Para obter essa resposta, eles organizaram um evento no qual disseram que queriam testar o sabor de diferentes tipos de vinhos. O grupo separou três tipos de vinhos com preços e qualidades diferentes. O custo da garrafa variava de 5 a 90 dólares. Os estudantes pegaram os três tipos de vinhos e os separaram em cinco garrafas, colocando, propositalmente, o mesmo vinho em duas garrafas.

Para os participantes da pesquisa, porém, esse detalhe foi omitido. Isso significa que o mesmo vinho foi colocado em garrafas diferentes, mas com variações no preço declarado. Por exemplo: o vinho da garrafa 1 era o mesmo da garrafa 3, mas os preços anunciados eram diferentes. A garrafa 1 tinha uma etiqueta de 5 dólares (o preço verdadeiro), e a 3, apesar de o vinho ser o mesmo, ostentava um preço de 45 dólares.

Os estudantes ofereceram o vinho aos voluntários e lhes pediram que preenchessem um formulário no qual manifestavam sua opinião sobre os diferentes sabores. Todos, sem exceção, afirmaram que o vinho da garrafa que custava 45 dólares era mais saboroso. A mesma constatação se repetiu nas demais fases da experiência. Mesmo quando o vinho mais caro era colocado em garrafas com preço inferior, e o mais barato, em garrafas com preço superior, os voluntários diziam preferir o vinho das garrafas de preço superior.

Diante desses resultados, os estudantes decidiram repetir a experiência. Dessa vez, porém, no lugar dos voluntários, eles escolheram membros do clube de apreciadores de vinho da Universidade Stanford. Os resultados foram os mesmos obtidos com os voluntários na etapa anterior. Ao identificar o preço do vinho, todos optavam pelo vinho de maior preço, mesmo que tivesse pior qualidade.

Isso nos diz que todos os vinhos são iguais? Certamente não. Esses resultados revelam algo bem mais intrigante: quando se trata de escolhas, a lógica racional, na maioria das vezes, é sufocada pelo raciocínio inconsciente, o qual se origina das nossas convenções sociais, que assimilamos do meio em que vivemos.

O que não significa que não temos livre-arbítrio, mas que aquilo que faz com que alguém seja livre em suas escolhas é bem mais complicado do que parece. Como podemos ver, na maior parte das vezes, as nossas convicções fazem as escolhas por nós. Acreditamos que quanto mais caro o vinho melhor é o sabor. Quando confrontamos o sabor real com aquilo em que aprendemos a acreditar, o que prevalece é aquilo em que aprendemos a acreditar. Isso faz com que a crença, e não o paladar, determine o sabor. Por quê?

6

Essas três experiências — a de Claparède, a dos fones de ouvido e a da degustação de vinhos — revelam três características fundamentais da memória. Além disso, oferecem pistas claras sobre o quanto os padrões mentais implícitos que compõem nossa ideia central são decisivos nas escolhas que fizemos e, consequentemente, nos resultados que obtemos na vida.

A primeira mostra que a memória é muito além daquilo que guardamos na nossa mente e que acessamos quando desejamos gravar ou recordar algo. Mesmo não lembrando o motivo, a paciente de Claparède escondeu a mão.

O que podemos concluir disso? Que nossa memória pode ser dividida em duas: a explícita e a implícita. A memória explícita é fácil de entender. Está quase sempre à nossa disposição. Pode ser acessada a qualquer momento. Ela guarda coisas como número de telefone, endereço de casa, data de aniversário e assim por diante. Muitas das nossas experiências, como com quem estivemos na quarta-feira passada, o dia em que demos o primeiro beijo, quando aprendemos a andar de bicicleta, também fazem parte da memória explícita.

A memória implícita é muito mais sutil e insidiosa. Ela é composta de regras, crenças, práticas e acordos que fazemos, muitas vezes inconscientemente, conosco mesmos ainda na tenra idade. Em geral, eles aparecem tão rapidamente que antes mesmo de a mente poder expressá-los eles já se manifestaram em forma de emoção no corpo. Por isso, são chamados de raciocínio inconsciente. No caso dos vinhos, o raciocínio inconsciente é que vinhos caros têm melhor sabor, e isso, no final, acabou decidindo qual vinho era melhor, independentemente da sua qualidade.

Para facilitar a compreensão de como esses dois tipos de memória funcionam, vou dar um exemplo simples, mas prático. Pense sobre quando você aprendeu a andar de bicicleta. Reflita um pouco e depois responda: o que, nesse processo, faz parte da memória explícita? E o que faz parte da memória implícita? Quando aprendemos a andar de bicicleta, as lembranças de como, onde e quando andamos pela primeira vez compõem nossa memória explícita. Mas só é preciso aprender a andar de bicicleta uma única vez. Depois que você aprende, nunca mais esquece. Em alguma parte do seu cérebro, o resultado do processo de aprender a andar de bicicleta também está registrado. Cada vez que você anda, mesmo que não se lembre de todos os detalhes do processo, a memória aparece e, inconscientemente, assume o controle desse processo. A partir de então, a memória explícita perde sua importância. Andar de bicicleta se torna um processo involuntário, automático e até inconsciente.

O mesmo acontece com a ideia central que temos sobre nós. Com o passar dos anos, acumulamos impulsos, impressões e lembranças de eventos, circunstâncias e experiências passadas. Cada vez que elas se repetem, as reforçamos. Até que um dia elas se tornam crenças e passam a fazer parte do conjunto de regras, convicções e acordos que compõem nossa ideia central. Elas se tornam pressupostos inconscientes. E a partir de então passamos a ser um reflexo inconsciente da memória. Em outras palavras, nos tornamos nossa memória.

A segunda característica da memória revelada por essas experiências é que, em grande parte, os resultados que temos na vida são uma consequência da memória implícita. Uma vez que tenhamos definido uma ideia sobre nossas capacidades, por exemplo, essa ideia se torna parte da nossa memória implícita e passa a controlar nossos resultados. Se tivermos um pressuposto que diz que somos intelectualmente inferiores, por exemplo, mesmo sem saber, nos comportaremos de acordo.

Como esse processo funciona na prática? Em termos gerais, a memória implícita cria uma emoção, que gera uma atividade mental, que influencia nossa realidade pessoal. De certa maneira, isso é fácil de entender. Basta lembrar que movimentar a cabeça para cima e para baixo, tanto quanto para os lados, é uma convenção armazenada na nossa memória implícita. Para serem compreendidos, esses movimentos requerem a existência de um acordo anterior, que os estabeleça como normas.

O segredo e ao mesmo tempo o poder da memória implícita estão no fato de ela arquivar as regras e normas que, mesmo inconscientemente, definem certos tipos de comportamentos involuntários. Uma vez que adquirimos essas regras e normas, elas passam a fazer parte da memória implícita. A partir de então, passamos a nos comportar de acordo com elas e dificilmente lembraremos da sua existência. Da mesma forma como sentamos na bicicleta e saímos pedalando sem acionar nossa memória explícita, esses padrões mentais nos fazem agir involuntariamente, impactando nossos resultados. Em todas essas situações, confundimos quem somos com esses padrões mentais. São eles que definem nossa atividade mental e o modo como agimos diante do contexto a nosso redor, determinando, por fim, nossos resultados.

A última dessas três características, e talvez a mais importante, revela que, se somos nossa memória implícita e se ela é composta por crenças, regras, normas e acordos acumulados e armazenados ao longo dos anos, e se somos nós quem construímos essa memória, por consequência construímos a nós mesmos. Esse é o ponto crítico. E ele nos leva a uma conclusão bastante simples, mas poderosa: se somos nossa própria invenção, também podemos nos reinventar e nos construir da forma como gostaríamos ser.

7

Renée Fleming é uma das sopranos mais celebradas do mundo. Não muito tempo atrás, ela fazia uma temporada no Lyric Opera, de Chicago, no estado de Illinois. O espetáculo era a peça *As bodas de Fígaro*, uma das obras-primas de Mozart. Como sempre, o teatro estava lotado. Para Renée, essa seria apenas mais uma noite no seu currículo de sucessos. Porém, naquele dia, surgiu um problema. Algo parecia errado com ela.

Numa parte da peça, Renée cantava a ária "Dove sono", no papel da condessa Almaviva. No começo, a performance, como sempre, foi perfeita. Mas quando se aproximou da parte que ela considerava a mais difícil, sentiu uma vaga e repentina insegurança. Era um sentimento estranho que, em toda a sua carreira, nunca havia experimentado. Era como se alguém a avisasse para tomar cuidado. Um alerta de que, talvez, não conseguiria manter o tom certo. "Essa ideia me pegou de surpresa", ela escreveu mais tarde. "Essa parte nunca foi a mais fácil. Mas era, com certeza, a parte com a qual eu tinha mais experiência. Eu a havia praticado durante anos. Não havia motivo para sentir aquela insegurança", ela conta. "Dove sono" fazia parte do seu primeiro álbum, lançado dez anos antes. Era o símbolo da sua carreira.

Mesmo assim, ali estava ela — uma das sopranos mais importantes e celebradas do mundo —, suando no palco por um motivo muito estranho: medo. Depois daquela noite, as coisas pioraram. Ela não conseguiu mais se livrar da ideia de que, a qualquer momento, sua voz poderia falhar, que poderia errar o tom e transformar-se num fiasco no palco. As pessoas pagavam pequenas fortunas para vê-la. Ela não poderia correr esse risco. A tensão foi crescendo. Cada apresentação tornava-se uma tortura. Sentimentos como ansiedade, nervosismo e insegurança, dos quais ela havia se libertado muitos anos antes, agora ressurgiam. "Estava sendo dominada por uma voz negativa", ela escreveu no seu livro de memórias. "Um sussurro constante me dizendo para não fazer isso ou aquilo. Sua respiração está ofegante... o palato está baixo... sua língua está pesada... seus ombros estão tensos." Com sérias dificuldades para se libertar desses pensamentos, Renée cogitou seriamente desistir da carreira.

Pensando bem, esse tipo de insegurança é bastante natural em iniciantes ou amadores. Mas não em artistas consagrados. De onde vem esse modo de pensar que abalou a autoconfiança da experiente e talentosa Renée Fleming já na fase madura de sua carreira?

Primeiro a mente conta uma história em que ela mesma acredita. O corpo reage a essa história com uma emoção. A energia criada pela emoção, por sua vez, alimenta o pensamento que a originou, criando um círculo vicioso entre pensamento e emoção. Quando esse círculo não é quebrado, pode impactar estruturas sólidas e antigas que trazemos adormecidas no nosso inconsciente. No caso de Renée, por exemplo, primeiro a mente levantou a suspeita de que talvez sua voz falhasse enquanto estaria no palco. Ela não rechaçou esse pensamento. Pelo contrário, acatou-o como sendo uma ameaça real. A reação imediata foi uma emoção equivalente à ameaça: insegurança e medo. Essa emoção enviou energia de volta para o pensamento que a originou, revitalizando-o ainda mais, criando o círculo vicioso.

Em tudo que fazemos sempre há a possibilidade de falharmos. Essas ameaças são reais. No caso de Renée, não há dúvidas de que realmente havia uma possibilidade de a voz falhar. Isso acontece também na hora de o jogador de futebol bater o pênalti decisivo, quando você decide convidar aquela pessoa especial para jantar, pedir um aumento ao chefe ou, simplesmente, ao apresentar um trabalho de colégio para seus colegas de classe. Todos nós já vivenciamos situações assim. Por que a mente faz isso? Não há nenhuma conspiração envolvida. Ao contrário, nossa mente, na melhor das intenções, tenta nos alertar desses perigos. O problema, porém, surge quando acatamos esse pensamento sem observá-lo.

Quando aceitamos determinado pensamento, é como se firmássemos um acordo conosco mesmos sobre ele. Uma vez que um acordo é estabelecido, passamos a aceitá-lo sem dúvidas ou restrições, e ele se torna parte de quem somos. O oposto também acontece. Se não concordarmos com determinada ideia, aos poucos a deixaremos de lado e nada acontecerá.

Esse é um fator extremamente valioso para entender como formamos a ideia central que temos sobre nós. Todos temos o impulso natural de crescer e nos desenvolver de acordo com nossos desejos. E qualquer pessoa que examinar minimamente o ser humano acaba chegando à conclusão de que não há limites para nossa possibilidade de crescimento. Ela não tem um ponto definido. Então o que nos torna tão limitados? Nossa tendência de criar razões para justificar nossas impossibilidades, e claro, depois, reforçá-las através do pensamento. Se eu lhe propuser um projeto atrevido e ousado — um negócio ou algo assim —, uma das primeiras coisas que sua mente fará é apresentar um conjunto de razões pelas quais você não está apto a fazer o que lhe propus. Esse tipo de argumentação, de cara, desvia a atenção do nosso potencial e cria limites estreitos. Mas, verdadeiramente, você não conhece seus limites. Até porque eles não existem. Como não há limites para nossa capacidade, nós os criamos por meio do processo de pensamento.

Uma vez que acatamos uma sugestão da nossa mente, mesmo que suas evidências sejam fracas ou falsas, teremos dificuldade em aceitar as informações subsequentes que contradigam a original. Fizemos isso mesmo que essa nova informação seja obviamente mais acurada. Por que isso acontece? Porque tratamos nossos pensamentos como posses. É duro renunciar a eles. Uma vez que os consideramos nossos, agimos no sentido de sustentá-los. Arranjamos justificativas e explicações para defendê-los. Em outras palavras, em todas essas situações, desafiar nossas convicções é ameaçar a ideia central que temos sobre nós. E quando isso acontece, temos a sensação de que o que de fato está sendo desafiado é aquilo que somos. Por isso, mesmo que isso nos custe a honra, a dignidade ou a felicidade, preferimos defendê-los.

8

Voltando a Bruno Grosjean, o que o levou a acreditar que ele era Binjamin Wilkomirski? Até os 4 anos de idade, ele teve uma vida instável. Era levado de um lugar a outro, e sua mãe o visitava apenas de vez em quando. Até que, certo dia, ela o abandonou de vez e ele foi parar num lar para crianças abandonadas. Ali permaneceu até ser adotado por um casal suíço. Na vida adulta, enfrentou problemas como angústia, ansiedade e depressão. Teve constantes pesadelos e ataques de pânico. Sem uma razão específica e compreensível para esses sintomas, suspeitou que eles fossem uma sequela dos traumas de sua infância. À medida que sua suspeita foi sendo alimentada pelo seu pensamento, ele iniciou um processo de catarse. Decidiu, por opção, esmiuçar suas memórias em busca do que estava, em sua opinião, causando aqueles sintomas.

Aos 38 anos, conheceu um psicólogo israelense que residia em Zurique. Os dois se tornaram amigos. Juntos tentaram desvendar os anos perdidos na memória de Grosjean. No início, suas lembranças eram vagas. Como ele nascera em 1941, sua infância estava relacionada aos eventos da Segunda Guerra Mundial. Tudo que lia sobre os anos em que tinha sido levado de um canto a outro até ser adotado estava relacionado à turbulência da guerra. A guerra, por sua vez, estava relacionada aos campos de concentração. Grosjean começou a ler sobre o Holocausto. Logo, criou uma identificação com o sofrimento dos judeus subjugados ao regime nazista, até presumir que ele próprio era judeu. Colocou uma mezuzá na porta da casa e adotou outros costumes judaicos.

O dia decisivo aconteceu numa viagem que ele, seus pais adotivos e um grupo de amigos fizeram às ruínas do campo de concentração de Majdanek. Assim que chegaram ao campo, Grosjean começou a chorar: "Este era meu lar!", ele disse. "Aqui eles colocavam as crianças à espera."

Quando retornou, começou um tratamento com uma psicanalista. Ela analisou os sonhos de Grosjean e passou a usar técnicas terapêuticas não verbais, como desenho e escrita. A psicanalista sugeriu que, como exercício terapêutico, Grosjean mantivesse um diário para escrever tudo o que lembrasse da sua infância. À medida que ele foi escrevendo, ideias em forma de memórias foram aparecendo. Mesmo irreais, elas assumiram um papel real na imaginação de Grosjean. E a cada dia ele acrescentava detalhes ao que supunha serem suas lembranças ocultas da infância, fazendo com que elas se tornassem cada vez mais consistentes e claras. Foi assim que, aos poucos, ele inventou a si mesmo.

O que podemos aprender com a história de Grosjean? Primeiro, o quanto nossa memória é influenciável pelas impressões e intuições do dia a dia. Existem sérios indícios de que Grosjean não teve a intenção de se beneficiar de uma mentira, mas sim de que ele próprio foi enganado pela sua memória. O que isso significa? Vimos, no início do capítulo, que a memória não consegue gravar tudo o que os sentidos captam de determinado evento. Ela grava apenas alguns pontos essenciais e deixa enormes lacunas entre esses pontos. Ao voltar-se para a infância a fim de investigar o estado de angústia que sentia como adulto, Grosjean identificou pontos essenciais gravados pela memória.

E aqui há um fato interessante: as lembranças eram muito mais relacionadas a sentimentos do que a fatos. Havia dor e havia guerra, e entre os dois havia uma lacuna. Grosjean, na tentativa de solucionar seu enigma e preencher a lacuna, associou os dois, caindo na armadilha da memória. Isso pode parecer estranho ou doentio, mas não é.

Em níveis diferentes, eu e você fazemos isso o tempo todo. Pense, por exemplo, sobre suas limitações mais evidentes. Até onde elas são reais? Suponha que você acredita não ser uma pessoa inteligente. Qual é o argumento que você usa para explicar essa crença? De onde surgiu esse argumento? Se alguém o questionasse, você certamente diria que o percebe pelos resultados práticos que obtém na vida. Mas será que esses resultados não são limitados pela sua crença de que não é muito inteligente?

Não temos provas reais de se aquilo em que acreditamos sobre nós é realmente verdadeiro. A maioria das crenças que assumimos como certezas na verdade não o é. Elas existem apenas na nossa cabeça. Uma vez que compreendemos isso, estamos abertos para criar convicções mais adequadas e viver fora dos limites impostos pelo contexto cultural. Podemos usar nosso próprio pensamento para quebrar os moldes existentes, desconstruir crenças e convicções e viver de acordo com nossas próprias normas e regras.

Pense outra vez sobre a experiência dos fones de ouvido. Vimos que a reação dos estudantes foi drasticamente influenciada pelos movimentos que eles faziam com a cabeça, e que essa influência foi resultado das convenções preestabelecidas que eles tinham sobre esses movimentos. Isso nos coloca diante de uma questão: em que circunstâncias esses movimentos não teriam poder de influência sobre os estudantes?

A resposta é bastante simples: primeiro, bastaria que eles não tivessem conhecimento implícito do que esses movimentos significam. Se, por exemplo, eles não soubessem que movimentar a cabeça para os lados representa um sinal de negação, não haveria possibilidade de o movimento influenciá-los.

Segundo, bastaria que eles tivessem a consciência clara do que estavam fazendo. Se no início da experiência os pesquisadores tivessem dito aos estudantes que eles queriam verificar se os movimentos influenciariam a opinião deles sobre o preço da mensalidade, essa influência se dissiparia. Em outras palavras, bastaria que eles compreendessem a situação para que a memória implícita perdesse seu poder sobre eles. É essa condição que nos interessa mais, pois é ela que representa o estágio da consciência que almejamos aqui. Ele contém um segredo que pode abrir possibilidades de mudanças radicais na nossa vida. E é sobre esse segredo que tratam os demais capítulos deste livro.

CAPÍTULO 3
O PODER DE ESCOLHA

> Quem não mudar seus pensamentos nunca será capaz de mudar a realidade e, portanto, nunca fará progressos.
>
> **ANWAR SADAT**
> Ex-presidente do Egito e Prêmio Nobel da Paz de 1978

1

Na noite do dia 23 de dezembro de 1888, na casa conhecida como "casa amarela", localizada na Place Lamartine, em Arles, no sul da França, um homem olhou longamente para seu rosto refletido no pequeno espelho pendurado na parede, logo acima da pia. Era um homem magro e elegante. Tinha cabelos curtos e ruivos, olhos azuis e a barba por fazer. Sua expressão era séria. Extremamente séria. Estava triste e ressentido com um colega chamado Paul Gauguin.

Sem tirar os olhos do espelho, com uma das mãos pegou uma navalha que estava sobre a pia. Com a outra, segurou a orelha esquerda. Ficou assim, nessa posição, se olhando por alguns segundos. Depois, num gesto estranho, inesperado e cirúrgico, levantou a mão e decepou a orelha. Colocou a parte amputada sobre a pia, aplicou um curativo improvisado sobre o ferimento. Quando o sangue estancou, embrulhou a parte destacada numa página de jornal, colocou uma boina na cabeça e saiu. Eram 11 e meia da noite.

A rua estava vagamente iluminada. Andou mais depressa do que de costume. Foi até a Maison de Tolérance, um bordel. Lá, perguntou por uma prostituta chamada Rachel. Ele e Gauguin frequentavam o local regularmente. Já era conhecido por ali. Quando Rachel se aproximou, logo reconheceu-o: era Vincent van Gogh, o pintor. Ele deu dois passos em direção à moça, estendeu o embrulho que trazia para ela e disse: "Guarde este objeto como se fosse um tesouro". Em seguida, voltou-se e foi embora.

Na manhã seguinte, o incidente ganhou as ruas. Pessoas falavam com certa excitação, humor e estranhamento sobre o ocorrido. Ainda cedo, a polícia foi até "a casa amarela" e levou Van Gogh ao hospital. Mas ele viveria apenas pouco mais de um ano. Em julho de 1890, ele decidiu dar fim à sua vida e disparou um tiro contra si mesmo. Não tinha mais paixão pela vida. Os problemas haviam sugado sua energia. No hospital, quando o médico lhe disse que ele iria ficar bem, respondeu: "Espero que não, pois teria que fazer isso outra vez". Dois dias depois, ele morreu. Tinha 37 anos.

Em toda a sua carreira, Van Gogh pintou centenas de telas. Conseguiu vender apenas uma. Na maior parte do tempo, viveu à custa da generosidade do irmão e de poucas pessoas próximas. Era incapaz de prover o próprio sustento. Nunca casou, não teve filhos e morreu sem amigos. Hoje, ao lado de Picasso, suas obras são as mais caras e admiradas do mundo. Em 1891, um ano depois da sua morte, um negociante comprou *Lírios*, uma de suas pinturas, por apenas 200 dólares. Em 1989, menos de cem anos depois, ela foi vendida por 53 milhões de dólares. *Dr. Gachet*, um dos retratos que Van Gogh fez do médico que cuidou dele, foi vendido, em 1992, por 82,5 milhões de dólares.

2

Em 1870, enquanto Van Gogh estudava as obras de arte nas galerias de seu tio em Londres, num pequeno vilarejo da Califórnia nascia Amadeo Peter Giannini. Ele era o primeiro filho de um jovem casal de imigrantes italianos pobres. Quando chegaram aos Estados Unidos, os pais de Amadeo viviam de biscates. A vida era dura. Mas eles trabalhavam muito e economizavam em tudo. Em pouco tempo, conseguiram uma casa numa pequena vila chamada San Jose, entre San Francisco e Los Angeles. Passaram a alugar os quartos extras da casa para aventureiros que se deslocavam para as minas de ouro do Oeste. Com o tempo, o fluxo esporádico inicial acabou se transformando numa torrente. A cidade tornou-se um ponto de parada e o aluguel de quartos converteu-se num negócio rentável. O casal Giannini ampliou a casa, transformando-a em uma pousada com vinte quartos. Um ano mais tarde, já eram donos de um dos hotéis mais movimentados da região.

Em 1872, o casal vendeu o hotel e adquiriu 16 hectares de terras próximo a San Jose. Nos anos seguintes, passaram a produzir frutas e hortaliças. As coisas iam bem e os Giannini pareciam estar vivendo seu sonho. Mas o Oeste, naquela época, era uma terra cheia de refugiados e aventureiros fora da lei. O perigo sempre estava próximo. Uma noite, quando Amadeo tinha 7 anos, seu pai se envolveu num discussão com um trabalhador que o ajudava no cultivo das terras. A causa era uma dívida de 1 dólar. Na frente de Amadeo, o trabalhador sacou a arma e atirou em Giannini. Atingido na cabeça, ele caiu morto.

Dali em diante, apesar da pouca idade, Amadeo passou a ser o principal apoio da mãe. Ela era jovem, com apenas 22 anos, e, além de Amadeo, tinha outros dois filhos ainda menores. O tempo passou. E com ele, as feridas se curaram. Alguns anos depois, ela casou-se outra vez. A família mudou-se para San Francisco. Amadeo desistiu dos estudos e passou a trabalhar muito. Tinha uma personalidade alegre e cativante. E isso o ajudou a prosperar rapidamente.

Em 1904, aos 34 anos, juntou todo o seu capital e fundou uma pequena instituição financeira. Chamou-a de Bank of Italy (Banco da Itália). Fornecia pequenos empréstimos para produtores rurais e comerciantes de origem italiana que viviam pelas redondezas. Costumava visitá-los pessoalmente, estimulando-os a fazerem melhorias nas suas propriedades com os financiamentos do banco. Estava criando um conceito que mudaria a história: o banco comercial.

A instituição progrediu depressa. O volume de empréstimos cresceu e a área de atuação aumentou. Com isso, Amadeo decidiu mudar o nome do banco. Chamou-o de Bank of America. Apesar do sucesso, ele continuava a visitar seus clientes e a oferecer-lhes melhorias no estilo de vida. Os resultados eram cada vez mais extraordinários. Em 1980, o banco tinha 1.100 agências operando em mais de cem países, com um capital estimado em 100 bilhões de dólares. Em 1994, nove décadas depois da sua fundação, o Bank of America era o maior banco comercial do mundo.

3

Imagine que você trabalha para um centro de avaliação psicológica e tem que fazer o prognóstico do desenvolvimento profissional de dois adolescentes. Um deles nasceu num ambiente brutal, selvagem e sem lei como a Califórnia da virada do século XX. Seus pais são jovens imigrantes italianos que vieram de um universo de pobreza tentar uma vida nova num país estrangeiro. Aos 7 anos, ele viu seu pai ser friamente assassinado. A partir de então, teve que ajudar a mãe a cuidar dos dois irmãos mais novos. Mais tarde, é levado a abandonar os estudos e se dedicar ao trabalho. O outro nasceu e cresceu num lugar civilizado como a Holanda do mesmo período. É filho de pastor. Viveu a infância numa família tradicional e bem estruturada. Teve uma vida cultural ativa e estudou em colégios particulares. Na sua opinião, qual dos dois teria maior probabilidade de ser bem-sucedido?

Não é difícil, com base nesses perfis, concordar que seria razoável acreditar que as chances de se dar bem do segundo adolescente seriam bem maiores. Mas e o que a história de Giannini e a de Van Gogh nos mostram? Justo o oposto: Giannini, que nasceu e cresceu em meio a enormes conflitos e turbulências emocionais, teve uma vida feliz, plena e bem-sucedida. Enquanto Van Gogh, filho de pastor, nasceu e cresceu com a segurança e a proteção que esperamos de uma família bem estruturada. Mesmo assim, apesar da sua genialidade, teve uma vida conflituosa e turbulenta, tirando, por fim, aos 37 anos, a própria vida.

É claro que a história de Van Gogh é apenas isto: uma história de um indivíduo psicologicamente perturbado. Mas, ao mesmo tempo, é uma poderosa ilustração de como nosso passado não explica nosso presente e tampouco nosso futuro. Acredite ou não, o que nos torna um acanhado ou um atrevido pouco tem a ver com os problemas que sofremos na infância. E, considerando o que falei nos dois capítulos anteriores sobre o poder da ideia central que temos a respeito de nós mesmos, você pode achar essa afirmação estranha. Talvez até mesmo contraditória. E você tem razão. A análise desses dois casos mostra um paradoxo que poucas vezes conseguimos perceber. Isto é, o que produz nossos resultados não pode ser explicado simplesmente pelo contexto em que nascemos. Em outras palavras, não nos tornamos aquilo que somos por conta do que nos aconteceu na infância, e sim por conta do que aconteceu e, além disso, por outra coisa.

E o que seria essa outra coisa? É o modo como interpretamos aquilo que nos aconteceu. E isso é essencialmente subjetivo. Então, não é suficiente saber o que aconteceu com alguém na infância. É preciso também saber a relação que essa pessoa teve com isso que lhe aconteceu. Por essa razão, não deve surpreender o fato de ser tão difícil acertar um prognóstico em relação às probabilidades de quem realmente se dará bem no futuro.

O que devemos concluir disso? Que essa é uma ideia extremamente radical. Por quê? Porque a maioria de nós está confiante em que sabe o que é preciso para criar filhos e alunos bem-sucedidos. Intuitivamente acreditamos que é sempre melhor crescer num lar tradicional, com regras severas e rígidas. Mas, na verdade, para alguns, a infância difícil, conturbada e problemática mostra ser edificante. Para outros, a infância monástica, isto é, serena, segura e bem orientada, produz resultados avassaladores.

Imagino que alguns leitores, principalmente os mais conservadores, estejam querendo jogar este livro no lixo. E não é difícil entender por quê. Não é fácil admitir que temos bem menos controle sobre a vida de nossas crianças do que gostaríamos. Mas, tendo em mente as observações anteriores, é possível ir mais longe na nossa análise. Com base nelas, podemos realçar três aspectos que distinguem os atrevidos dos acanhados. Todos suficientemente claros e muito importantes. E os três têm uma ligação direta com o modo como nos relacionamos com a ideia de sucesso.

O primeiro deles mostra que quando se trata de sucesso não existem vítimas verdadeiras, mas, tão somente, pessoas assumindo o papel de vítimas. E somos nós que criamos esse papel de acordo com nossa conveniência. Se houvesse uma vítima no mundo, nesse caso, ela não seria Van Gogh, e sim Giannini. De onde vem o papel de vítima? Em grande parte, ele é uma consequência de como encaramos o sucesso. Desde cedo, somos levados a acreditar que o sucesso tem sua origem na perfeição, quando na verdade ele é feito de erros, fracassos e imperfeições que, na maioria das vezes, nunca são completamente eliminadas.

Mas por que isso é importante? Porque, quando uma pessoa acredita que para ser reconhecida e valorizada é preciso ser perfeita, passa a sentir um medo constante de fracassar e, com isso, ser insultada, ridicularizada e humilhada. Em função disso, ela cria um acanhamento em relação à vida. Sufocada por essa limitação autoimposta, o próximo passo será o ressentimento. Ela cria uma mágoa injustificada com todos e com tudo à sua volta: os pais, colegas, amigos e, por último, contra si mesmo e contra a própria vida. O ressentimento torna-se seu maior aliado na luta contra a vida. Esse foi, aparentemente, o problema de Van Gogh.

Para o acanhado, em certo ponto, o ressentimento traz um benefício. Ele dá sentido à vida. Cria um propósito. Faz com que ele se sinta importante. E muitas vezes vai até além, criando um estado de satisfação. No seu pensamento, a pessoa injustiçada se sente moralmente superior a quem supostamente cometeu a injustiça. E esse sentimento de superioridade traz certo contentamento. Ele cresce quanto maior for a injustiça. Por isso, muitas vezes, a missão do acanhado torna-se provar ao mundo que possui motivos para sentir-se ressentido — e esse motivo aparente é a injustiça causada contra ele.

O segundo aspecto mostra que a origem do sucesso não está em fatores externos — como gostamos de acreditar —, mas na pessoa que o alcança. E isso é fácil de entender. Afinal, se a causa do sucesso estivesse no ambiente ou nas circunstâncias em que a pessoa cresce, todas as pessoas que crescem no mesmo ambiente ou em circunstâncias similares alcançariam o mesmo nível de sucesso. Nesse caso, o sucesso seria uma questão de vizinhança. E sabemos que não é assim. Pessoas que crescem no mesmo ambiente apresentam diversos níveis de riqueza e sucesso. Em certos casos, como o de Giannini, as pessoas saem de ambientes conturbados e até mesmo de extrema pobreza, onde são afetadas por todo tipo de tragédia, e se tornam bem-sucedidas. Noutros, como o de Van Gogh, ambientes bem estruturados geram personalidades conturbadas, inseguras e, às vezes, até mesmo trágicas.

O terceiro aspecto mostra que a causa do sucesso também não está em fatores como inteligência, talento e oportunidades. Se estivesse, todas as pessoas com inteligência, talento ou oportunidades similares obteriam um nível de sucesso similar. E sabemos também que não é assim. É comum encontrarmos pessoas muito inteligentes e perspicazes que fracassam, e outras, menos inteligentes, que se tornam sucessos extraordinários.

O que podemos concluir de tudo isso? O desenrolar da conversa nos trouxe à conclusão de que os fatores que criam o sucesso até podem parecer infinitamente complicados e multidimensionais, mas que, no fim, eles se resumem a uma única questão: atitude pessoal.

4

Por muito tempo, o East Harlem foi um dos bairros mais problemáticos de Nova York. Suas escolas apresentavam um dos maiores índices de desistência do país. O nível de aprendizagem era um dos mais baixos, e o de violência, um dos mais elevados. Na maioria das escolas do bairro, os portões de acesso tinham detectores de metais para impedir a entrada de alunos com armas. O que você acha que pode ser feito num ambiente assim? A conclusão natural: parece que não muito. De certo modo, estamos condicionados a pensar que, nesses casos, o problema não é a escola, mas o ambiente familiar e social. As crianças já crescem com uma mentalidade inadequada moldada pelo meio. E que, diante disso, os professores estão numa situação incômoda, de mãos amarradas, praticamente sem alternativas. Mas será que realmente não há nada que possa ser feito para mudar a mentalidade desses estudantes?

Há alguns anos, a pesquisadora Lisa Blackwell e duas colegas se perguntavam exatamente a mesma coisa. Elas então decidiram fazer uma série de experimentos com os estudantes do ensino fundamental e médio de uma escola do East Harlem, chamada Live Sciences Secondary School.

Lisa e as colegas selecionaram um grupo de 91 alunos do primeiro ano do ensino médio que iam muito mal em matemática. Elas dividiram esses estudantes em dois grupos. Cada um recebeu oito aulas de reforço. Para um grupo, foram ensinadas técnicas de estudo. Para o outro, além das técnicas de estudo, foram dadas explicações sobre como funciona o processo de desenvolvimento da nossa inteligência. Para esse grupo, por meio de *slides* e explicações, as pesquisadoras mostraram aos alunos como a inteligência pode ser desenvolvida. Elas explicaram que a inteligência não é, como muitas vezes se acredita, um fator fixo, hereditário, algo que se tem ou não. Pelo contrário, assim como podemos desenvolver o crescimento de um músculo por meio de exercícios, também podemos aumentar nossa inteligência com o seu uso.

Nos meses seguintes, as notas dos alunos do primeiro grupo — que recebeu apenas aulas sobre técnicas de estudo — continuavam caindo. Para esses estudantes, nada havia mudado. Mas, surpreendentemente, as notas dos alunos do segundo grupo, que recebeu as explicações complementares sobre como a inteligência se desenvolve, começaram a melhorar consideravelmente. É significativo ter em mente, aqui, que a única diferença entre os dois grupos foi uma simples ideia a mais: a de que a inteligência não é um fator fixo, algo que se tem ou não, mas que ela pode ser estimulada. Essa ideia alterou profundamente os resultados dos alunos.

Como incluir um simples conceito a mais no currículo desses alunos pode fazer tanta diferença? A resposta é mais simples do que parece. Ao compreender essa ideia, os alunos passaram a se ver como promotores da própria inteligência. Com isso, conseguiram separar a ideia que tinham sobre si da ideia de inteligência. Esse distanciamento fez com que pudessem colocar o foco no processo de desenvolvimento da inteligência, e agir sobre ele. Houve uma desidentificação com a inteligência. Quando você sabe que você não é sua inteligência, pode agir sobre ela.

Em síntese, as conclusões desse estudo nos levam ao mesmo ponto a que chegamos ao analisar as características de Giannini. Você não é sua circunstância. Quando consegue compreender isso, se separa dela, abrindo um espaço entre você e ela. No caso dos alunos do East Harlem, eles perceberam que não eram sua inteligência. Ao criar essa dissociação, conseguiram agir sobre a inteligência e desenvolvê-la.

O que devemos concluir disso? Primeiro, que não importa onde você está, é preciso compreender que você não é sua circunstância. Quando consegue compreender isso, se separa dela, abrindo espaço para agir sobre ela. A circunstância não muda, mas você muda a percepção que possui sobre ela. Como vimos anteriormente, no caso dos estudantes, eles perceberam que estavam além da sua inteligência. Ao separar-se dela, conseguiram agir sobre ela. Eles passaram a se ver como agentes promotores da própria inteligência.

Essa é uma característica peculiar dos atrevidos. Eles sabem que nem sempre têm poder de escolher suas experiências, mas se empenham em dominar as percepções que têm sobre elas. E é nesse ponto que reside nosso poder de escolha. As circunstâncias não dependem de nós, raramente podemos controlá-las, mas podemos manter controle sobre a percepção que teremos em relação a elas.

Amadeo Giannini é um exemplo claro disso. Na madrugada do dia 18 de abril de 1906, dois anos após ter criado o Bank of Italy, ele acordou com uma sensação estranha. Tudo à sua volta parecia ter tremido. Em seguida ouviu estrondos, como se um trem houvesse descarrilado. Segundos depois, sua casa começou a tremer outra vez. Amadeo, na época, morava em San Mateus, uma cidade que fica a 10 quilômetros de San Francisco, sede do Bank of Italy.

Assim que o dia amanheceu, soube que um terremoto havia destruído San Francisco. É claro que ele queria saber o que acontecera com o banco. Imediatamente partiu para lá. Com as estradas bloqueadas por escombros, teve que fazer a maior parte da viagem a pé. Quando finalmente chegou ao seu destino, descobriu que o prédio havia sido destruído. A única coisa que restara era o dinheiro que ele mantinha guardado nos cofres. Com a ajuda de dois funcionários, alugou uma carroça carregada de laranjas, escondeu o dinheiro entre as caixas das frutas e, numa viagem que demorou seis horas, levou-o até sua casa. Lá, escondeu-o na chaminé da lareira.

Na manhã seguinte, retornou a San Francisco. Em contato com outros banqueiros, descobriu que eles haviam decidido suspender qualquer empréstimo por seis meses. Qual foi a reação de Amadeo? Ainda no mesmo dia, entre os escombros do que era o Bank of Italy, apoiou uma tábua larga sobre dois barris e passou a atender clientes, liberando empréstimos com um simples aperto de mão. "Nós vamos reconstruir San Francisco", ele dizia, enquanto olhava nos olhos de seus clientes a cada empréstimo que concedia.

O que Amadeo fez de diferente? Ali mesmo, entre os escombros, passou a agir sobre a situação, sem permitir que fosse afetado emocionalmente por ela. Numa circunstância em que a maioria se sentiria frustrada, agiu com naturalidade. Como essas pessoas conseguem isso? Elas possuem uma compreensão clara do que separa os fatos da opinião sobre esses fatos. Um terremoto havia destruído o Bank of Italy. Isso era um fato. Mas tudo além disso eram opiniões.

Suponha, por exemplo, que você queira começar seu negócio próprio, mas não consegue porque não tem capital. Qual é o fato? Você não tem capital. Qual é a opinião? Que, por causa disso, você não pode iniciar seu negócio. O fato da falta de recursos existe, mas se o separar da opinião de que, por causa disso, não tem condições de iniciar seu negócio, você pode agir sobre o fato e mudá-lo, buscando alternativas para conseguir o capital.

Quando confundimos os fatos com as opiniões que temos sobre eles, não permitimos esse espaço do qual falei há pouco.

E é dele que surgem as novas possibilidades ou as soluções para nossos problemas. Tentamos controlar as circunstâncias, o que é impossível. Diante dessa impossibilidade, ficamos ansiosos, inseguros e perdemos o encanto pela vida, o que, muitas vezes, nos leva ao desespero total.

5

Essa lógica nos ajuda a compreender melhor a liberdade. Em algum momento, você provavelmente já se envolveu numa discussão sobre esse tema. Afinal, somos seres livres ou não? Se você realmente fosse uma pessoa livre, escolheria o estilo de vida que tem hoje? Difícil saber, mas acredito que as chances talvez sejam poucas. A questão é que, quando se trata de seres humanos, a liberdade não é uma posse absoluta. Ela se revela ou não em cada escolha. Você, portanto, não é um ser livre. Mas possui o poder de escolha, que lhe permite a liberdade. Esse poder é uma possibilidade permanente, que precisa ser renovada em cada ação por meio do poder de escolha.

Em outras palavras, o que determina nossa liberdade é a forma como usamos nosso poder de escolha. Quando não aceitamos nossa situação de vida — que são os acontecimentos do passado ou as previsões que a mente alimenta acerca do futuro —, criamos sofrimento. Uma resistência habitual ou a negação daquilo que é cria um desconforto que a maioria das pessoas aceita como natural. Quando essa resistência se intensifica, aflora uma negatividade intensa que se manifesta sob forma de raiva, medo, agressão e insegurança. Em todas essas situações, não há liberdade, uma vez que nesses casos as escolhas são produto de julgamentos instantâneos produzidos pelos moldes culturais inconscientes.

Isso nos traz de volta ao experimento com os alunos da escola do East Harlem. A característica mais óbvia que provocou os resultados surpreendentes no desempenho escolar de um dos grupos foi a noção de que a inteligência era uma escolha que eles poderiam ou não fazer. Essa noção, como vimos, os separou da inteligência. Era quase como se ela fosse uma ferramenta que estava ali, sobre a mesa da sala, e que eles poderiam ou não usar. E, como tornar-se mais inteligente era algo que eles queriam, fizeram o esforço necessário para ir até lá, pegá-la e usá-la.

Em outras palavras, entre eles e a inteligência existia um espaço. E era nele — nesse espaço — que se encontrava o poder de escolha. Entender isso é extraordinariamente valioso. Mas existe um segundo ponto crítico: apenas podemos exercer esse poder quando percebemos esse espaço. E para percebê-lo temos que separar nossa vida da nossa situação de vida.

Imagine, por exemplo, que você está profundamente endividado. Você não precisa aceitar essa situação desagradável. Tampouco precisa se iludir e dizer que não há nada errado em estar atolado em dívidas. Você tem completa consciência de que deseja sair dessa situação. Mas não faz nenhum julgamento — não avalia a situação como ruim, terrível ou trágica. Não cria nenhum rótulo mental para essa situação. É apenas sua situação de vida atual. Ela não é ruim tampouco boa. Ela é o que é. Você aceita a situação e, a seguir, toma uma atitude e faz tudo o que é possível para sair dela. Até conseguir isso, continua com a noção de que há você, e há também a sua situação financeira. E você a aceita sem resistência, com uma atitude positiva, agindo para mudá-la, exercendo o poder de escolha em cada etapa do processo.

Considerando o processo das nossas escolhas dessa maneira — surgindo de dentro para fora, e não o contrário —, podemos compreender o que faz com que pessoas como Amadeo Giannini exerçam controle total sobre suas vidas. A mesma coisa não ocorreu com Van Gogh. Ele mesclou sua vida com a condição de vida, confundindo-as. Quando isso acontece, perdemos o entusiasmo, a vibração, o sentido de encantamento pela vida.

Acredito que é possível, então, concluir que a vida trágica e triste de Van Gogh teve pouco a ver com sua complicada patologia psicológica, mas aquilo que consideramos uma patologia teve tudo a ver com a forma como ele pensava e a percepção do mundo que esse pensamento criava. Ao confundir a vida com a situação de vida, ele criou um ressentimento que resultou numa resistência insuportável. Essa resistência o paralisou. Mas não só isso. Também bloqueou qualquer saída para sua situação. Esse bloqueio criou mais resistência, acumulando mais energia negativa que contaminou suas ações. Esse estado interior negativo despertou e alimentou a negatividade e sua relação com os outros, criando insatisfação, desconforto, isolamento e uma tristeza imensurável que resultou, por fim, no suicídio.

A esta altura, penso que chegamos à pergunta óbvia: é possível mudar um estado assim? Claro que é possível. A seguir, veremos como.

6

No início da década de 1960, um psiquiatra da Universidade da Pensilvânia, Aaron Beck, se viu diante de uma pergunta intrigante: pessoas com depressão podem fazer escolhas sobre seu estado? Beck, ao tratar de pacientes com depressão, percebeu um fenômeno que o incomodava: quase todos tinham as mesmas características negativas na forma de pensar. A partir dessa constatação, ele começou a suspeitar que talvez a depressão fosse consequência de uma visão distorcida que os pacientes tinham de si mesmos e da realidade à sua volta. Ele desconfiava que os pensamentos dos pacientes criavam suas emoções negativas.

Voltando o olhar para esse ponto em específico, constatou, em suas análises subsequentes, que pessoas depressivas permitiam que três padrões mentais bem particulares criassem raízes profundas em sua mente. Esses padrões tornavam-se as lentes por meio das quais elas percebiam a si e ao mundo. Ele chamou esses três padrões de "A Tríade Cognitiva da Depressão". A pessoa em estado depressivo pensa que não é suficientemente boa, que seu mundo é frio e cinza e que não há esperança no seu futuro. A partir desse ponto de vista, tudo à sua volta é usado para criar argumentos que dão suporte a essas crenças. Isso se torna mais intenso, principalmente, quando algo de errado acontece.

Era esse, portanto, o problema. Mas havia mais um vilão. Beck também descobriu que cada um desses padrões comportamentais tem três características básicas: personalização, generalização e exagero. Ou seja: a pessoa percebe tudo como se fosse pessoal, como se estivesse relacionado diretamente com ela; generaliza coisas que acontecem uma única vez como se sempre acontecessem; e, por último, exagera a dimensão dos fatos.

Beck se dispôs então a ajudar seus pacientes a perceber esses padrões mentais negativos. Depois, a identificá-los e isolá-los. A ideia de Beck era similar ao que Lisa Blackwell fez com os alunos da escola do East Harlem. Ele queria separar os pacientes dos padrões mentais que formavam a Tríade Cognitiva da Depressão, para que, ao ver que não eram esses padrões, os pacientes pudessem agir sobre eles, criando condições de, aos poucos, substituí-los. Ele acreditava que usando o mesmo processo que alimenta o ciclo negativo este poderia ser quebrado e suplantado por um positivo.

No início, obviamente, as reações eram negativas. Os pacientes em depressão tinham dificuldade em perceber tais padrões mentais. Com um pouco de esforço e concentração, no entanto, eles passaram a percebê-los e a identificá-los. Beck pediu-lhes que descrevessem aqueles tipos de pensamento cada vez que os percebessem. Depois que esses padrões se tornavam claros para os pacientes, ele os instigava a alterá-los por padrões mentais positivos. Os pacientes passaram a seguir um sistema que consistia em desafiar os padrões mentais e a agir, apesar das reações negativas. Aos poucos, pequenas alterações foram sendo percebidas. Elas, então, foram alimentadas de modo proposital e reforçadas até substituírem de forma definitiva os padrões negativos. Esse processo era repetido até eles saírem do seu estado depressivo.

Os detalhes de como Aaron Beck tratou seus pacientes são dignos de nota por três razões. A primeira é que ele propicia um exemplo que nos mostra claramente que, mesmo diante de estados considerados patológicos, como a depressão, ainda temos opções e escolhas. Experiências puramente mentais que induzem emoções positivas, mesmo sendo decisões tomadas voluntariamente, afastam e apagam as emoções negativas causadas por outras experiências.

A segunda é que esses detalhes são um exemplo inspirador de como aplicar esses princípios nas próprias circunstâncias do nosso dia a dia. Não há necessidade de esperarmos para descer ao fundo do poço para nos beneficiarmos desse processo. Ele pode ser usado em qualquer momento para quebrar qualquer tipo de padrão mental. E a terceira razão é que ele nos alerta para um dado importante: o motivo que nos leva a acreditar que não temos poder de escolha diante de certas situações é que nossas escolhas, muitas vezes, são feitas automaticamente, pelos padrões mentais.

Quando isso acontece, temos a impressão de que as circunstâncias nos controlam completamente. Ao constatar que nossa vida está fora de controle, o sentimento de medo, angústia e desespero se intensifica, formando um círculo vicioso que se alimenta do próprio sentimento que produz. Esse processo, quando alimentado, cria um acanhamento diante da vida. Esse acanhamento, muitas vezes, como no caso de Van Gogh, apesar de toda a sua genialidade, pode levar as pessoas a estados patológicos desesperadores.

7

Acho interessante como os atrevidos usam o mesmo processo que Beck sugeriu aos seus pacientes. Steven Spielberg, considerado um dos melhores diretores de cinema de todos os tempos, queria ser diretor desde criança. Quando adolescente, com uma câmera velha, reunia os amigos e, com suas três irmãs, fazia filmes amadores. Eram criações pueris que nunca deram grandes resultados. Mais tarde, tentou cursar cinema na Universidade da Califórnia, mas não foi aceito. Ele então encontrou um modo bem atrevido de conseguir o que queria.

Naquela época, a Universal Studios oferecia um *tour* que permitia a interessados e curiosos entrar nos diferentes departamentos e conhecer um pouco da indústria cinematográfica. Spielberg decidiu fazer um desses *tours*, mas, claro, com uma segunda intenção. Na primeira oportunidade que teve, se afastou do grupo, escondeu-se atrás de duas caixas de som e aguardou ali até que o *tour* acabasse. Depois saiu sozinho. Na saída, propositadamente, puxou assunto com o porteiro. Conversaram longamente. Essa era uma parte do plano. Spielberg queria se tornar conhecido por ele.

No dia seguinte, Spielberg retornou aos estúdios. Ao passar pelo porteiro, sorriu e acenou, chamando-o pelo nome. O guarda, pensando que ele trabalhava ali, deixou-o entrar. A estratégia havia funcionado. Dentro dos prédios da Universal, vestindo paletó, gravata e sempre com uma pasta de executivo a tiracolo, ele passou o dia conhecendo pessoas. Fez amizade com diretores, roteiristas e atores. No dia seguinte, voltou outra vez. Fingia ser um funcionário da empresa e aproveitava para tornar-se familiar ali. Certo dia, descobriu uma sala vaga. Apropriou-se dela. Inclusive, colocou uma plaquinha com seu nome na porta.

Por trás de todo esse teatro, Spielberg tinha um propósito muito específico: conhecer Sidney Scheinberg, presidente da Universal Studios. Quando isso aconteceu, três meses depois de fazer o *tour*, mostrou suas produções domésticas e apresentou outros projetos que ele tinha em mente. Semanas depois desse encontro, foi oficialmente contratado pela Universal.

Quando definiu o propósito de conhecer o chefe da Universal Studios, Steven Spielberg viu-se diante de uma série de situações estranhas. Mas a audácia, confiança, naturalidade e espontaneidade que surgiram do seu atrevimento fizeram essas situações estranhas parecerem absolutamente normais. Elas conseguem absorver o mundo à sua volta, aceitá-lo, aliar-se às circunstâncias e construir uma relação harmoniosa com elas.

Sua rebeldia, audácia e atrevimento são, muitas vezes, os únicos ingredientes à sua disposição, e elas sabem como usá-los. Mesmo crescendo nas circunstâncias desfavoráveis, essas características o tornaram uma pessoa animada, carismática, de bem com a vida.

A maioria das pessoas passa a vida inteira esperando pela sorte ou pela oportunidade certa para mudar. Não percebem que o problema é a maneira como pensam. Seguir o exemplo de pessoas como Steven Spielberg, rebelar-se contra os moldes culturais e atrever-se à audácia de criar um caminho novo pode parecer assustador. Quebrar a estrutura dos moldes culturais e criar uma vida com bases novas, originais, contudo, trazem crescimento, sabedoria e um estilo de vida inigualável.

Pessoas como Giannini e Spielberg cultivam essa rara sabedoria de se aliar ao fluxo da vida e não se opor a ele. Elas aceitam os eventos sem restrições e sem reservas, eliminando qualquer resistência interior ou negatividade emocional. Isso lhes permite ver claramente o que pode ou precisa ser feito, e lhes dá a coragem e a ousadia necessárias para fazê-lo.

Como você explica atitudes como essa? Uma das razões que possibilita esse tipo de atitude é que Spielberg tem um senso de direção claro e definido. Isso o ajudava muito a tomar decisões rápidas. O que por si só é impressionante. A maioria de nós agoniza diante de um cardápio de restaurante.

Uma segunda razão é que ele via as circunstâncias como fatores externos, sobre os quais ele tinha um certo poder. Pessoas com esse tipo de controle nos passam não só um senso natural de confiança, mas também naturalidade e leveza. E isso, como no caso de Giannini, até mesmo diante de uma catástrofe. As pessoas confiavam nele porque, além de ter um senso de direção definido, tinha segurança no que fazia. Não importava a situação, ele parecia aceitar naturalmente as circunstâncias e depois, simplesmente, agia sobre elas. Não havia resistência, ressentimento, nem o tradicional estado de vitimização.

Quando você elimina a resistência, toda a insegurança, angústia e medo se anulam. A vida passa a fluir com alegria e naturalidade. Esse é um fator crítico para compreender a personalidade das pessoas que deixam sua marca no universo. O atrevido nunca se rebela contra *o que é* — os fatos ou a situação. Sua rebeldia é contra o apego e a resistência interior que cria uma relação pessoal com o que é. Se a situação é ruim, trágica ou insatisfatória, ele separa essa situação, aceitando-a, e depois toma a atitude adequada para mudá-la.

8

Num estudo recente, cientistas queriam constatar se, após certa idade, a estrutura cerebral ainda se alterava. Ao escanear* o cérebro de pessoas com sindactilia cutânea — uma anomalia que faz com que dois dedos nasçam colados —, eles descobriram que essas pessoas possuíam uma única área no cérebro responsável pela coordenação motora desses dedos. Por meio de uma cirurgia, eles corrigiram a anomalia, separando os dedos, e viram que os pacientes passaram a usar os dedos, antes juntos, de forma isolada. Semanas depois, ao

---

* Esse tipo de escaneamento do cérebro é feito com um aparelho de ressonância magnética funcional por imagem, conhecido como fMRI.

escanear o cérebro deles outra vez, os cientistas constataram que ele havia desenvolvido áreas distintas que eram responsáveis pelo controle e comando para cada dedo. O cérebro havia se reestruturado para atender às novas demandas da mão.

Esse mesmo processo se repete quando você exige do cérebro níveis mais elevados de inteligência ou criatividade. Assim como separar dois dedos que até então estavam juntos força o cérebro a dar um jeito nas demandas que essa nova realidade requer, se você se atrever a fazer coisas que nunca fez, há grandes chances de o seu cérebro, ou mesmo o organismo, compensar qualquer deficiência e se adequar para suprir as demandas necessárias. É importante, porém, saber que esses fenômenos não ocorrem como consequência de um simples desejo. Estudos mostram que é preciso haver um processo de ação contínua e intensa envolvido.

Para a maioria das pessoas, isso pode parecer algo complexo. Mas o método é muito mais simples do que parece. No próximo capítulo, eu vou contar a história da cantora Jessica Simpson. Para que você possa entender esse processo, vou lhe mostrar como ela descobriu deficiências na sua voz e na sua maneira de se conectar com o público quando estava no palco. Você também vai saber como ela as corrigiu. Com isso, espero que você entenda como e por que os atrevidos se destacam tanto do resto de nós, e como eles conseguem deixar sua marca no universo.

O mais interessante é que você verá que, no fundo, o ponto de partida de Jessica Simpson é o mesmo de George W. Bush, Philippe Petit, Roger Bannister e os criadores do Google. E ele é, como já vimos, a definição de um propósito claro e específico. E por que o objetivo definido é tão importante? Porque ele nos expõe a situações novas e, geralmente, desafiadoras. Fazendo isso, exigimos uma reação da memória implícita.

Se, por exemplo, você pensa que não tem a inteligência necessária para passar num concurso, mas estabelece o propósito de passar, essa é sua situação atual. Ao transformar esse desejo num objetivo definido e agir para realizá-lo, irá desafiar e provocar os limites impostos pela sua memória implícita. À medida que você age na busca da realização desse objetivo, necessariamente sairá da sua situação atual, rompendo os padrões limitantes e criando outros, mais positivos, em seu lugar.

Nossa ideia central, como expliquei no capítulo 1, é feita de convicções. E como podemos descobrir as convicções que temos? Toda convicção, quando confrontada, cria resistência. Para detectar nossas convicções, precisamos atentar para a resistência que sentimos diante de uma ideia, fato ou situação. Quanto maior nossa resistência, mais forte é nossa convicção. E que conclusão podemos tirar disso? Que ter consciência dos nossos padrões condicionados é perceber a resistência que eles causam. Essa resistência se manifesta em ações típicas do dia a dia como julgar, criticar, culpar, condenar, avaliar ou comparar. Trata-se de um processo simples. Alguém ameaça um de seus padrões mentais e você ataca verbalmente essa pessoa se defendendo, criticando ou simplesmente deixando que uma emoção negativa o afete. Todas essas atitudes são uma forma de resistência.

Acontece que muitos têm até mesmo resistência a esses conceitos. Fomos treinados a agir dessa forma — criticando, culpando, acusando, julgando, condenando e reclamando — e acreditamos que isso é normal, porque é comum. Mas não é. Essas reações são uma forma de resistência causada por ameaças ao nosso sistema de padrões mentais. Nossas convicções nos dizem que as coisas deveriam ser de certa forma, e nos opomos sempre que elas não forem assim.

Observar nossas resistências não é fácil, e há um motivo para isso: temos que usar o mesmo sistema que criou nossas convicções para alterá-las. Esse é o paradoxo que torna o autoconhecimento tão complexo. Embora sejamos condicionados pelo nosso pensamento, somente o pensamento pode perceber nosso condicionamento e libertar-nos dele. Esse tipo de interação funciona o tempo todo, esteja você no comando, como no caso de Philippe Petit, ou não, como no caso de Grosjean. Perceba que Bruno Grosjean também tinha um desejo ardente: descobrir quem ele era. Na busca desse desejo encontrou uma ideia: a de que era judeu. Transformou essa ideia numa convicção, que passou a fazer parte da sua memória implícita, confundindo-se com sua identidade.

Quando Philippe Petit decidiu que andaria sobre um cabo de aço estendido entre o topo das duas torres do World Trade Center, a meio quilômetro de altura, sem qualquer tipo de proteção, ele não estava em condições de fazê-lo. Ele precisou agir na fé. Foram necessários oito anos para adquirir o conhecimento, a técnica e a prática para adaptar sua autoimagem, até que a tornou maior do que o seu próprio propósito.

Nossa reação diante das experiências é causada pela nossa memória implícita, que protege a ideia central que temos sobre nós e o mundo em torno de nós. Quando, ao subir pela primeira vez ao topo do World Trade Center, a mente disse a Philippe Petit que seu sonho era impossível, qual foi a reação dele? "De repente, aquela soma de altitude e isolamento me encheu com um arrogante senso de posse. Apesar de tudo, pensei, o céu é o meu domínio", ele contou. "Algo dentro de mim dizia: sei que é impossível, mas também sei que vou fazê-lo."

Claro. Ele já havia rompido outras barreiras que também pareciam impossíveis, como as torres da Catedral de Notre-Dame e a ponte de Sydney. Sua confiança criada através das experiências passadas já era maior do que seu próprio objetivo. Sua reação diante do novo já estava dominada. Suas convicções já estavam rompidas. Em outras palavras, havia eliminado de si qualquer tipo de acanhamento. Não havia espaço para histórias de fracassos. E ninguém consegue se sentir fracassado sem uma história de fracasso.

CAPÍTULO 4
O MISTÉRIO DA PERCEPÇÃO

> *A mente humana é uma máquina de previsões, e fazer o futuro é sua função mais importante.*
>
> **DANIEL DENNETT**
> Filósofo americano contemporâneo

1

No início da década de 1950, após o fim da Segunda Guerra Mundial, o jovem engenheiro japonês Masaru Ibuka tomou conhecimento de um delicado componente eletrônico recém-inventado por uma equipe do Laboratório Bell. O componente, chamado transistor, era um resistor de transferência capaz de amplificar e chavear sinais elétricos. Na época, Ibuka trabalhava com outros cinquenta engenheiros e inventores numa empresa recém-criada, hoje conhecida mundialmente como Sony. A sua atividade principal era consertar rádios de ondas curtas — então, um expoente tecnológico. Em projetos paralelos, a equipe trabalhava na pesquisa e invenção de outros equipamentos.

Quando conheceu o transistor, Ibuka logo criou uma verdadeira obsessão pelo componente. Via nele um inestimável potencial. Mesmo com extremas dificuldades financeiras, sua esperança era conseguir licenciar a invenção da Bell. Após várias tentativas, todas frustradas, em 1953, ele finalmente conseguiu fazê-lo. Ainda assim, seus colegas não levavam muita fé na ideia. Ninguém acreditava que a Sony teria capacidade de administrar uma tecnologia tão delicada. Ele se atreveu a tentar mesmo assim.

O próximo passo foi ainda mais atrevido. Ibuka queria fabricar um rádio cuja base tecnológica fosse o transistor. Uma iniciativa audaciosa em todos os aspectos. Imagine o avanço que isso representava: em vez daquelas enormes caixas pesadas de madeira do tamanho de um balcão, o rádio se tornaria portátil. Qualquer um poderia carregá-lo consigo, até mesmo no bolso do casaco. Para a época, isso era algo aparentemente inconcebível. A maioria dos especialistas, incluindo os engenheiros da Bell que haviam inventado o transistor, não acreditava ser possível criar um rádio baseado naquela tecnologia. Mas Ibuka estava convencido de que sua ideia tinha potencial. Mirou mais alto que todos e se empenhou mais do que qualquer outro colega já havia feito. E o fascinante é que deu certo.

O projeto de Ibuka contagiou todos à sua volta e, aos poucos, transformou a Sony. Cientistas e engenheiros começaram a compartilhar o sonho e um rádio livre daqueles grandes e ineficientes tubos a vácuo que o tornavam peça de mobília. Nos anos seguintes, trabalharam incansavelmente com foco nesse projeto. E, em 1957, o que poucas pessoas acharam ser possível se tornou realidade. A Sony colocou no mercado o TR-55, o primeiro rádio portátil do mundo. E o que é extraordinário é que ele cabia no bolso.

2

Na sua opinião, qual destas três qualidades humanas — recordar, perceber e imaginar — é a mais importante?

Vamos analisar isso mais a fundo. O que é perceber? Sentir o mundo como ele é. E recordar? É sentir as coisas como elas foram. E imaginar? É ver o mundo não como ele é ou foi, mas como ele pode ser. É a incrível capacidade de ver mentalmente objetos e circunstâncias que ainda não existem na realidade.

Sem a habilidade de imaginar, você não poderia pensar no amanhã. E, por isso, não haveria progresso. Olhando desse ponto, é fácil compreender que a imaginação não é só uma das qualidades humanas, mas que é também uma das mais importantes. Empresas e organizações existem por um único motivo: imaginar coisas que ainda não existem. Elas não se formam sem um propósito que esteja vinculado ao futuro. Mesmo quando esse propósito é preservar o passado, ele ainda está voltado ao futuro.

Observe como Ibuka usou a imaginação para conceber a ideia do rádio portátil — um objeto que ainda não existia. A imaginação é a oficina ou o laboratório onde o desejo é transformado numa ideia. Todas as ideias criadas pelo homem nascem da imaginação.

Um exemplo: em 1994, poucos dias depois de completar 21 anos, Ray LaMontagne decidiu que queria ser músico e compositor. Ele morava numa pequena cidade chamada Lewiston, no gelado e montanhoso estado do Maine, na Costa Leste dos Estados Unidos. Quando tomou essa decisão, numa fria manhã de março, ele trabalhava cerca de quarenta horas semanais numa fábrica de calçados. Sua experiência com o mundo artístico e musical ainda era muito pequena. Também não tinha dinheiro para cursar faculdade de música, que, muitas vezes, é o caminho natural para essa carreira. Ray pensou alguns dias e tomou uma decisão estranha: desistiu do emprego, comprou alguns álbuns usados dos seus músicos preferidos e foi para casa.

Nos dias, meses e anos seguintes, passou trancado em seu apartamento ouvindo esses álbuns, cantando e analisando as músicas de seus intérpretes preferidos. Durante alguns meses, viveu com o seguro-desemprego. Aos poucos passou a fazer apresentações em bares e clubes noturnos. Dez anos após ter tomado a decisão de se tornar músico, gravou seu primeiro trabalho, vendeu meio milhão de cópias e se tornou um astro.

O que essas histórias nos ensinam? Tanto Ibuka quanto Ray LaMontagne projetaram no presente situações que ainda não existiam. Mas não é só isso. Com o passar do tempo, por meio de suas ações, transformaram essas projeções em realidade. De certa maneira, isso é fácil de entender. Tudo à nossa volta parece seguir o mesmo processo. Mas existe outra questão intrigante: como elas conseguem projetar sua vida com tanta segurança nos resultados?

3

Jessica Simpson é uma cantora, compositora e apresentadora americana de TV. Antes de completar 31 anos, ela já tinha sete hits no Top 40 da parada americana da *Billboard* — revista americana com informações sobre a indústria musical —, dois álbuns de ouro, e seu *reality show* foi o de maior audiência de todos os tempos na MTV americana. No mesmo período, seu capital já chegava a 1 bilhão de dólares. Como ela conseguiu tudo isso em tão pouco tempo? Veja o que a biografia dela nos conta:

> Jessica Simpson nasceu no dia 10 de julho de 1980. Desde criança mostrou talento para a música. Ainda na infância, se apresentava com o pai, que era pastor na igreja batista de sua cidade, no estado do Texas. Tentou entrar para o Clube do Mickey, atração que revelou Britney Spears, Justin Timberlake e Christina Aguilera, mas foi desclassificada na fase final. Mesmo assim, Jessica não desistiu da carreira e continuou com as atividades religiosas. Foi nessa época que começaram a surgir suas primeiras composições. Aos 17 anos, teve a oportunidade de gravar o seu primeiro CD de música *gospel*, que foi um sucesso nesse segmento. O trabalho de estreia resultou num contrato com uma grande gravadora, a Columbia.

Uma bela história. Mas será que ela explica os verdadeiros motivos do sucesso de Jessica Simpson?

Suponha que duas horas atrás você tenha ido até a cozinha e, por descuido, tenha deixado uma pedra de gelo sobre a mesa. Agora você retorna e percebe que tem água no lugar do gelo. De onde surgiu essa água? A resposta é óbvia: o gelo derreteu. Isso é uma conclusão bastante simples, porque estamos diante de um processo que produz resultados exatos. Em condições normais, gelo derretido sempre se transforma em água.

Agora, inverta o processo. Esqueça a experiência anterior e faça de conta que você entrou na cozinha e inesperadamente encontrou água sobre a mesa. Como essa água apareceu ali? Acho que você concorda que responder a essa pergunta é uma tarefa bem mais complexa. A água pode ter se originado de inúmeras possibilidades diferentes.

O mesmo ocorre na nossa vida. Interpretar o passado quando o conhecemos é um processo simples, já que dentro de uma miríade de possibilidades há apenas uma pela qual ele se apresentou. Ou seja, se você sabe que deixou uma pedra de gelo sobre a mesa, é fácil descobrir de onde veio a água que apareceu sobre ela. O passado, entre múltiplas possibilidades, manifestou-se por um único modo. Se Jessica Simpson hoje é uma *popstar*, deve ser porque, quando criança, cantava muito bem. Essa é a interpretação a que geralmente chegamos.

Mas o que acontece quando você não conhece a origem da água sobre a mesa? A miríade de possibilidades continua aberta. Qual escolher? Assim como no caso do gelo derretido, é fácil olhar para trás e interpretar a história pelas informações que temos no presente. A questão complica, no entanto, quando não temos as informações que deram origem ao evento. Imagine Jessica Simpson aos 13 anos. Será que ela sabia que se tornaria uma *popstar*? A resposta parece ser não. Qualquer um sabe que esse tipo de certeza não existe. As coisas não são tão claras. Tentar compreender o futuro é como olhar para a água derramada sobre a mesa e tentar descobrir sua origem. Ele não se revela a nós de uma maneira específica. Precisamos decifrá-lo.

Linda Septien é uma ex-cantora de ópera que mantém o Septian Vocal Studio em Dallas, no Texas. É ali que está a verdadeira história de Jessica Simpson. Linda conheceu Jessica em 1991, quando a *pop* tinha apenas 11 anos. O pai de Jessica a matriculou na escola de Linda. A primeira coisa que Linda pede a seus calouros é algo bastante óbvio: que eles cantem. Quando pediu que Jessica cantasse, ela, que de fato cantava na igreja com seu pai, cantou "Amazing Grace", um conhecido hino cristão americano. "Jessica tinha uma personalidade contagiante. Ela era uma menina doce, mas supertímida no palco. E mais:

sua voz exigia trabalho, muito trabalho", conta Linda, relembrando os momentos difíceis do início da carreira da *pop*.

Linda explica que a voz de Jessica era muito *gospel*. Tinha muito *vibrato* — termo usado na música para explicar variações e oscilações vocais. Em outras palavras, Jessica não conseguia controlar as cordas vocais da forma apropriada. "Você não pode cantar música *pop* com *vibrato*", ela explica. "Tivemos que trabalhar isso." Afinar o *vibrato* num cantor é mais ou menos como afinar um violão. Só que, lógico, muito mais complicado. Mas não era só isso. Quando cantava, Jessica não conseguia transmitir a emoção da música. Ela precisava se expressar com o corpo, mas não fazia conexão com os sentimentos que a música, supostamente, deveria transmitir. Linda, então, passou a focar nisso. Trabalharam gesto, movimento e conexão com a audiência, o que, segundo ela, é uma técnica por si só. "A plateia é como um grande animal. É preciso aprender a controlá-la, a conectar-se com ela e a fazê-la pedir por mais", explica Linda. "Sua voz pode ser incrível, mas se você não consegue se conectar a voz não importa."

Jessica Simpson, apesar da pouca idade, trabalhou duro. Foi preciso dois anos de exercícios intensos para corrigir as oscilações vocais e outros três para aprender técnicas de palco. Aos 16, depois de cinco anos de intensa prática, ela parecia estar pronta. No mesmo ano assinou contrato com a Columbia. Mas, mesmo assim, levou mais três anos até que todo esse esforço fosse recompensado. Somente em 1999, oito anos depois de entrar no Septian Vocal Studio, o single "I Wanna Love You Forever" lançou Jessica ao estrelato no mundo *pop*, vendendo 3,5 milhões de cópias.

Temos uma tendência de olhar para o passado e nos agarrar à explicação mais óbvia. Lidamos com as informações como se elas fossem diretas, lineares e transparentes. Na nossa mente, o sucesso geralmente é visto como um evento. Quase um fato instantâneo. Jessica Simpson se tornou cantora porque sabia cantar. Mas não é assim. O sucesso não é um evento. É uma escolha e um processo. Primeiro, entre a miríade de caminhos possíveis, a pessoa escolhe um caminho específico. Depois, cria um processo para trilhar esse caminho. Esse processo leva tempo, exige foco, disciplina e, quase sempre, muito esforço. É ao longo desse processo que escritores aprendem a escrever, cantores a cantar, líderes a liderar e pintores a pintar. Ninguém surge do nada. Cada um precisa pagar o preço relativo ao nível a que deseja chegar.

É nesse aspecto que acredito podermos encontrar aqui duas lições importantes. A primeira é o fato de que o passado é muito mais vivo e intenso em nós do que o futuro. Enquanto o segundo se apresenta apenas como uma possibilidade, o primeiro já aconteceu. Pelo menos na nossa memória, ele é concreto.

A segunda lição é a nossa tendência a nos agarrarmos a coisas concretas. Nossa mente tem dificuldade em se relacionar com coisas abstratas. Ela possui uma tendência natural a se apegar ao que for mais claro e específico. Por isso, criamos um pacto com as nossas imagens mentais mais fortes e as aceitamos como se elas fossem tudo o que poderia existir.

Não é difícil ver a relação entre essas nossas tendências e a Tríade Cognitiva que Aaron Beck constatou nos pacientes com depressão. Assim como os pacientes de Beck, primeiro criamos uma personalização do passado, aceitando suas características como sendo nossas. Segundo, criamos a generalização, acreditando que as mesmas coisas sempre se repetem conosco. Terceiro, com o passar do tempo, começamos a exagerar na intensidade, frequência e importância que esses eventos possuem na nossa vida.

Reserve um minuto, por exemplo, para fazer uma análise sobre a vida de cinco pessoas bem próximas. Já tem o nome dessas pessoas em mente? Então, agora, pense sobre a condição financeira dessas pessoas nos últimos cinco anos. Ela mudou radicalmente? Alguma dessas pessoas vivia numa casinha de dois quartos e hoje mora numa mansão de 2 milhões? Ou ganhava 5 mil por mês e agora fatura 3 milhões por ano? Percebeu algo interessante? Com pouquíssimas exceções, a maioria de nós avança pouco ao longo dos anos. Ficamos estagnados por décadas no mesmo nível. O passado se reproduz interminavelmente no presente. A velha história sempre se repete.

E por que é tão difícil mudar nossa realidade? Em tese, não parece algo tão difícil. Mas, como vimos, na realidade é. E a razão disso é que somos incapazes de imaginar uma realidade diferente daquela que vivemos com a mesma nitidez. Assim como, se a pessoa depressiva pudesse imaginar no presente uma realidade mais colorida no futuro, e essa visão, por si só, mudasse seu estado de espírito e a tirasse da depressão, também nós, se pudéssemos ver, no presente, uma imagem diferente para o futuro, essa visão, por si só, mudaria nosso futuro. Mas como nossos sonhos, que geralmente são vagos e abstratos, são forçados a competir com a memória, geralmente real e concreta, o que prevalece quase sempre é a memória. Resta então o dilema: como podemos eliminar a memória no presente, para dar solidez e clareza à imaginação?

4

Em inúmeros estudos, constatou-se que nosso cérebro tem dificuldade em criar uma imagem mental sobre conceitos abstratos como o tempo. Por isso não conseguimos percebê-lo como ele realmente é. Tudo o que sentimos sobre ele, na verdade, não é como o sentimos. Trata-se de uma ilusão cognitiva. Experimente, por exemplo, visualizar um período, como ontem à tarde, dissociado de qualquer acontecimento. É impossível. Por quê? Porque o tempo não é um objeto como uma casa ou uma pessoa. O tempo é um fenômeno absolutamente abstrato — um estado sem forma.

Como, então, o cérebro lida com noções sem forma como o tempo? Primeiro, pense num fato que aconteceu ontem. Agora, suponha que você deseja contar para mim quando esse fato aconteceu. Como você faria? Diria: ontem, no final da tarde, por exemplo. Mas por que usaria a expressão "final da tarde"? Porque ela desperta uma imagem real no nosso cérebro. Ela pode ser o pôr do sol, o escurecer, as luzes se acendendo, ou mesmo o ponteiro do relógio marcando 7 horas. Sem um ponto de referência como esse, seria impossível compreender o tempo em que o fato aconteceu. É por isso que você associaria o momento a uma expressão que caracteriza uma imagem concreta, algo que pode ser captado pelo cérebro.

Uma das regras mais importantes para compreender nossa relação com o tempo, então, é saber que sempre que nos referimos a ele precisamos emprestar uma imagem do mundo físico e associá-la a ele. E um jeito de entender como o cérebro lida com as noções de passado, presente e futuro é supor que, nos próximos trinta minutos, você tenha que caminhar 1 quilômetro em linha reta. Daqui a quinze minutos, quando já tiver percorrido 500 metros, estará no meio do percurso. Se olhar para trás, verá o espaço físico que já percorreu. Se olhar para seus pés, verá onde está nesse momento. Se olhar para a frente, verá o trajeto que ainda terá de caminhar.

Nosso cérebro pegou essa experiência real e concreta e assimilou com a ideia de tempo — que é abstrata. Por isso temos a impressão de que o tempo é como uma jornada em que somos o viajante. O passado está atrás, o presente está no meio e o futuro está na nossa frente. Nesse cenário, estamos em constante movimento, eternamente nos afastando do ontem e nos aproximando do amanhã. Mas, acredite ou não, isso não é real. É uma ilusão cognitiva criada pela nossa mente.

O que eu quero dizer com isso? Que o ontem não existe? É isso mesmo. Pode ser difícil de acreditar, mas é verdade. Da maneira como geralmente o imaginamos, ele não existe. Tratando-se de tempo, não existe nada atrás de nós, da mesma forma como não existe nada na nossa frente. Tudo o que existe é um constante agora. O tempo, na verdade, por definição, é estático. Somos nós que passamos nele, mas a impressão que temos é justamente oposta. Parece que nós somos os seres estáticos e o tempo é que passa por nós. Em outras palavras, o que vemos como passado ou futuro são apenas estratégias que a mente criou para lidar com ele, e elas só existem na nossa mente.

Esse é um ponto crítico e que, muitas vezes, escapa da nossa percepção. A mente vincula a noção de tempo a formas concretas, dividindo-a em fragmentos. Por exemplo: quando você diz que o sol nasce de manhã e se põe à tarde, está usando uma forma concreta — o nascer e o pôr do sol — para definir o tempo. Usando o sol como perspectiva, a mente fragmenta o tempo em várias partes — aurora, manhã, meio-dia, tarde, crepúsculo, noite, madrugada. No entanto, em termos absolutos, esse é um conceito falso. É uma estratégia que a mente cria para conseguir captar a noção abstrata do tempo. Se eu levasse você para fazer uma viagem espacial, por exemplo, poderia lhe mostrar, lá do espaço, que o sol não faz movimento algum. Ele brilha o tempo todo, sem se mexer.

Mas, afinal de contas, por que você deveria se importar com isso? Primeiro, porque a falta de compreensão do modo como nos relacionamos com o tempo é a raiz de grande parte dos nossos problemas. Também não é só isso. Se você conseguir captar o conceito a seguir, poderá se libertar de inúmeras emoções negativas quase que instantaneamente. Como ponto de partida, é importante saber que existem apenas três vias pelas quais podemos nos relacionar com o tempo: memória, percepção e imaginação. A memória é a faculdade que nos permite visualizar o passado; a percepção, visualizar o presente; e a imaginação, o futuro.

Pense sobre esses três conceitos da seguinte forma: a única coisa real é o presente. Nossa relação com o presente é a percepção. Quando você quer lembrar o passado ou pensar sobre o futuro, inevitavelmente, terá que fazê-lo no presente. Ele é a única porta de acesso tanto para a memória quanto para a imaginação.

Aqui chegamos ao ponto. Se a única maneira de nos relacionarmos com o passado e com o futuro é no presente, e se a única maneira de nos relacionarmos com o presente é a percepção, então a única forma de nos relacionarmos com o passado ou o futuro é também por meio da percepção. O ponto crítico que se revela aqui é que, quando se trata de eventos passados ou futuros — memória e imaginação —, temos apenas percepção sobre eles. Em outras palavras, quando nos lembramos de um evento passado, ou criamos uma situação hipotética do futuro, nem uma nem outra é a realidade em si, elas são apenas uma percepção pessoal dessa suposta realidade.

5

Isso tem duas implicações muito importantes na nossa vida. A primeira é: quando falamos de passado e futuro, na verdade, falamos de nossa percepção presente sobre eventos que já aconteceram ou que poderão acontecer. Mas esses eventos, na verdade, não existem na realidade, exceto na nossa mente. São apenas interpretações criadas pela nossa percepção. O que isso quer dizer? Um fato do passado não existe mais em si. Tudo que existe sobre esse fato é a percepção que restou sobre ele em nossa mente, e que, pela memória, pode ser acessado no presente. O mesmo ocorre com o futuro. Quando pensamos sobre o amanhã, quando imaginamos algo que pode vir a acontecer, na verdade, é apenas uma interpretação das possibilidades futuras. Em outras palavras, quando vivemos da memória ou da imaginação, não vivemos da realidade, mas de interpretações baseadas na nossa percepção atual sobre o que já aconteceu ou ainda poderá acontecer.

A segunda implicação é uma consequência da primeira. Se a única forma de acesso tanto à memória quanto à imaginação é a nossa percepção, tanto uma como a outra são afetadas pelo modo como nos sentimos no presente. Isso é fácil de compreender. Se você está infeliz e se lembrar de um evento triste, ele parecerá mais triste ao lembrar-se dele amanhã, quando você estará feliz. Mas não só isso. Acho que você concordaria em que normalmente temos controle sobre a percepção. Entretanto, se isso é verdade, se temos controle sobre nossas percepções, também temos controle sobre as interpretações que fazemos do passado e do futuro. Eu chamo isso de poder da percepção. Ele tem um papel essencial na nossa vida, porque permite mudar os efeitos do passado e do futuro sobre o presente.

É claro que não estou querendo dizer que você pode mudar os eventos do passado. O que estou afirmando é que você pode mudar a percepção que tem sobre eles. Suponha, por exemplo, que eu tenha dito algo na semana passada que o magoou muito. Que esse foi um momento terrível para você. É essencial compreender que o momento não existe mais no passado. Ele só existe na sua memória. Tanto é que se você o esquecesse, ele deixaria de existir. Mas você não o esqueceu. Ele está vivo. Criando ressentimento e mágoa. Imagine, porém, que eu procurasse você e, com uma longa conversa, explicasse o que de fato aconteceu. Você compreenderia e aceitaria minha explicação e, outra vez, continuaríamos velhos e bons amigos. O que mudou? O fato que ocorreu na semana passada? É claro que não. Ele continua o mesmo. O que mudou foi a sua percepção sobre esse fato.

Essa explicação não é um conceito vago. Tampouco é um joguinho de faz de conta. Ela é real e extremamente importante. Ensina que todos os ressentimentos, mágoas e traumas do passado não existem no passado. Eles só podem existir na memória, que é a percepção que temos do passado. E essa percepção só é possível ter no presente, já que a percepção é a capacidade de sentir o presente. Então você pode, no presente, mudar sua percepção sobre o passado, razão pela qual você pode mudar o passado.

O mesmo acontece com o futuro. Qualquer tipo de relação que você tenha com o futuro só existe por causa da percepção. Medo, angústia, ansiedade e outros sentimentos em relação ao futuro são percepções que você cria no presente. Mas eles não existem no futuro. É você que, por meio da percepção, dá vida a esses sentimentos. E é você que, através da sua percepção, pode anulá-los e substituí-los por sentimentos mais apropriados.

No início deste livro, falei que todos nós temos uma ideia central sobre o tipo de pessoa que acreditamos ser. Também mostrei, através de estudos, como as opiniões acumuladas do passado, arquivadas na nossa memória, moldam a ideia que temos sobre nós. Se juntarmos esse conceito com o poder da percepção, a que conclusão podemos chegar? Será que é possível mudar nossa ideia central? Sim, é possível. Se temos a capacidade de mudar nossa memória, também temos capacidade de mudar nossa ideia central.

A lição aqui, então, é que não importa qual é nosso passado. Podemos mudá-lo modificando a percepção que temos dele. Isso é possível porque temos controle absoluto sobre o significado que atribuímos aos eventos da memória e imaginação. Que esse significado é a forma como percebemos esses eventos.

Qualquer pessoa que tenha examinado a vida dos grandes mestres compreende isso implicitamente. É significativo, por exemplo, tentar compreender como Nando Parrado ou mesmo Amadeo Giannini superaram perdas dolorosas sem permitir que elas os derrubassem. Creio que a tarefa de entender a nós mesmos e nosso comportamento exige, pelo menos em grande parte, que reconheçamos o valor que existe tanto na nossa relação com o presente como na que temos com o passado e o futuro.

Quando você compreende isso e começa a olhar para dentro de si mesmo com essa nova percepção, encontra soluções para todos os seus problemas. Quando você adota o poder da percepção em sua vida, se liberta de qualquer amarra psicológica que tenha, em relação ao passado ou mesmo em relação ao futuro, e que o faz infeliz porque limita e sufoca seu potencial.

Para pessoas como Ibuka e LaMontagne, por exemplo, o futuro é um mero espaço no qual eles projetam seus objetivos. Mesmo inconscientemente, entendem a forma como o cérebro se relaciona com as noções de tempo, eliminam dúvidas e angústias em relação ao futuro. Os atrevidos são assim. E como eles conseguem isso?

6

Por que temos tanta dificuldade em imaginar um futuro distinto do presente? Se levarmos em conta tudo o que vimos até aqui, a explicação se torna simples: como o cérebro não consegue se apegar a abstrações, e como o futuro é uma abstração, nos apegamos às lembranças do passado ou às percepções do presente.

Qual é, então, a saída? A única forma de conectar nosso pensamento ao futuro é criar uma imagem dele tão ou mais clara e real que a memória ou que a nossa situação presente. Quando você tem um propósito muito claro, o cérebro não precisa mais lidar com o futuro através de imagens vagas e abstratas. Ele passa a usar a imagem produzida pelo nosso propósito, que é tão real quanto as imagens do passado ou mesmo do presente. Foi exatamente isso que Ibuka e LaMontagne fizeram. Estudiosos e pesquisadores chamam esse processo de visualização.

Nando Parrado, nos Andes, também tinha um propósito claro: escalar as montanhas em busca de socorro. E foi isso que o diferenciou dos outros sobreviventes.

Uma das razões da sobrevivência do grupo no longo período em que ficaram isolados nos Andes é consequência do processo de visualização. Em seu excelente livro *Milagre nos Andes*, Nando conta que, mesmo sentado dentro da fuselagem fria do avião acidentado, se via o tempo todo escalando as encostas íngremes das montanhas. Era o que lhe dava a coragem e a esperança de que realizar seu sonho seria de fato possível. "Eu examinei a ideia de cada ângulo. Passei a ensaiar a escalada de uma forma tão viva, intensa e tantas vezes, que ela parecia um filme rodando na minha cabeça", ele revelou. "Eu visualizava minhas mãos apalpando as pedras em busca de segurança, testando a estabilidade de cada rocha antes de me apoiar nela."

Em seu relato, conta que muitas vezes passava o dia imaginando de que forma tudo isso aconteceria. Às vezes, paralisado pelo medo, olhava para as montanhas e, quase em adoração, numa espécie de súplica, conversava com elas. "Conta-me teus segredos. Mostra-me como subir, como escalar", dizia. Diante do silêncio frio das montanhas ele ficava imaginando qual seria o melhor caminho a seguir. Sua visualização era tão vívida que conseguia sentir o vento gelado lhe cortando o corpo e o ar rarefeito querendo explodir seus pulmões.

Na sua imaginação, Nando avançava, lutando passo a passo, afundado na neve até a cintura. Mesmo em pensamento, cada passo era uma agonia, mas ele não parava, lutava até se ver no topo. Do alto, se imaginava olhando para o oeste, via uma enorme e longa descida que se estendia até um vale onde a neve cedia, dando espaço ao verde e marrom das ervas e, depois, ao verde das lavouras. Ao cruzar os pastos, enfim, via um homem. Lá, teria que fazê-lo compreender o que acontecera, e ele treinava exatamente o que diria: *Vengo de un avión que cayó en las montañas!*, dizia para si mesmo. E o incrível é que foi exatamente assim que aconteceu.

Mas Nando Parrado não é o único. Napoleão Bonaparte escreveu também que se imaginava nos campos de batalha muito antes de estar numa guerra de verdade. Ainda criança, se via um grande comandante. Em sua mente, elaborava estratégias, desenhava mapas com táticas de posição e ataque como se eles fossem reais.

Conrad Hilton, fundador da luxuosa rede de hotéis Hilton, dizia que se imaginava operando um hotel muitos anos antes de ter adquirido o primeiro deles. Quando criança, costumava brincar que era dono de hotel. Mais tarde, quando iniciou suas operações no ramo, comprava propriedades usadas e de pouco valor e em seguida as transformava em hotéis de luxo. Como? Ao visitar essas propriedades, ele criava, na sua imaginação, uma imagem vívida de como elas ficariam depois que as adaptasse às suas necessidades.

Outro exemplo fascinante do poder do processo de visualização é Natan Sharansky. Ele foi um matemático judeu nascido na Rússia. Em 1977, foi preso pelo governo soviético. Acusado de espionagem, ele passou nove anos na prisão. Desse período, mais de quatrocentos dias foram numa solitária. Torturado física e mentalmente, confinado numa solitária, para sobreviver aos dias escuros e gelados jogava xadrez. Contudo, ele não tinha nada exceto a sua mente. Precisava visualizar o tabuleiro e jogar contra si mesmo. Quando saiu da prisão, em fevereiro de 1996, se tornou ministro do governo israelense. Certo dia, teve a oportunidade de enfrentar Gary Kasparov, campeão mundial e considerado um dos maiores jogadores de xadrez de todos os tempos. O resultado? Sharansky venceu Kasparov.

Então, estou falando aqui de uma capacidade intelectual que raras vezes usamos deliberadamente. Mas foi isso que Ibuka fez com sua obsessão pelo transistor e a ideia do rádio portátil. Assim como LaMontagne ao desistir do seu emprego e se dedicar à música. Mas não estou dizendo que isso é fácil. Imagine, por exemplo, a certeza que você precisa ter para desistir do emprego, comprar uma coleção de discos e se trancar no apartamento durante anos para praticar música, só porque acredita no seu potencial. Ou investir durante anos a energia da sua equipe num projeto como a criação de um rádio portátil, quando especialistas no assunto lhe dizem que isso é impossível.

Por que essas pessoas conseguem transformar seus sonhos em realidade, enquanto a maioria de nós se mantém mais ou menos no mesmo patamar a vida inteira?

7

Hoje muita gente renomada concorda com a ideia de que o processo de visualização é um instrumento poderoso e mágico que nos permite criar a realidade que queremos. No entanto, ela também é um grande problema. A questão é que, muitas vezes, a usamos inconscientemente e para os fins errados. Por exemplo: toda preocupação, ansiedade, angústia e insegurança que sentimos são resultado do processo de visualização sendo aplicado à revelia. Quando nos sentimos incapazes de executar uma tarefa ou de lidar com determinada situação, quando não nos sentimos bons o suficiente, a mente começa a projetar imagens negativas, a visualizar resultados contrários ao nosso desejo. E é esse tipo de visualização involuntária que cria sentimentos de preocupação, angústia, ansiedade e insegurança.

Durante a década de 1960, no auge da Guerra Fria, os Estados Unidos tentavam a todo custo impedir a expansão do comunismo soviético. Para isso, agiam em várias frentes. A mais severa, talvez, foi a Guerra do Vietnã. A ofensiva americana contra o Vietnã do Norte começou em janeiro de 1965. Uma década depois, em 1975, foram forçados a retirar suas tropas da região. Nos anos seguintes, os socialistas do Norte dominaram o Sul, criando a República Socialista do Vietnã, o que solidificou a derrota americana.

No dia 9 de setembro de 1965, um piloto americano chamado James Stockdale sobrevoava uma pequena vila do Vietnã quando seu jato foi abatido pela artilharia antiaérea vietnamita. Sem alternativas, ele teve que saltar da aeronave. No seu livro *Coragem sob fogo*, ele descreveu o momento da queda:

> Posso ouvir os rifles dispararem abaixo e associá-los aos furos de balas no velame do paraquedas acima de mim. Então, vejo os punhos se elevando na cidade enquanto meu paraquedas se prende numa árvore, mas me deposita na rua principal em bom estado. Com dois estalidos dos fechos de rápida soltura eu estava livre do paraquedas e comecei imediatamente a ser espancado por dez ou quinze brutamontes.

Depois de ser brutalmente espancado pelos vietnamitas, Stockdale foi levado para a prisão de Hoa Lo — famosa por manter prisioneiros de guerra importantes. Enquanto o conflito se arrastava, ele sofria nas mãos inimigas. Ao longo de oito anos, viveu em condições inimagináveis. Por várias vezes, foi mantido dias a fio em confinamento, isolado na escuridão, espancado, chicoteado, coagido e ameaçado, sem alimentos e sem cuidados médicos.

Muitos anos depois, quando lecionava na Universidade Stanford, teve uma conversa com Jim Collins. Collins, que havia lido o livro sobre os anos que Stockdale passara aprisionado pelos vietnamitas, lhe perguntou como ele sobrevivera a oito anos de tortura.

"Jamais perdi a fé no fim da história", ele respondeu. Depois, acrescentou: "Aliás, não apenas tinha certeza de que sairia dali, mas também de que iria sobreviver e transformar essa passagem de minha vida numa lição".

Collins queria saber quem foram os prisioneiros que não sobreviveram.

"Oh, isso é simples", disse Stockdale.

"Os otimistas?", retrucou Collins, confuso com a resposta. Stockdale explicou:

"Os otimistas. Aqueles que diziam: 'Estaremos fora daqui até o Natal'. O Natal chegava e nada. Então, eles diziam: 'Estaremos fora daqui até a Páscoa'. A Páscoa chegava e nada. Então jogavam a esperança para o Dia de Ação de Graças e nada. Quando viam, já era Natal outra vez e eles ainda estavam lá. Eles morriam de agonia, com o coração partido."

Collins conta que houve um breve intervalo no qual os dois seguiram em silêncio, como que digerindo esse conceito paradoxal. Em seguida, Stockdale voltou-se para ele e completou:

"Essa é uma lição muito importante. Você não pode confundir a fé de que vai sobreviver no final — que você não suportaria perder — com a disciplina de confrontar os fatos brutais da realidade, sejam eles quais forem."

A história de Stockdale é importante por vários motivos. Mas a lição mais clara — e talvez a mais importante — nos alerta sobre o perigo que existe na naturalidade com que confundimos um propósito claro e definido com fantasias vagas e abstratas. Muitas vezes, temos a ideia de que desejar alguma coisa com certa intensidade é o mesmo que um propósito definido. Mas não é. Queremos impor certo otimismo diante das situações mais difíceis, mas nos esquecemos de encarar a realidade dos fatos. Queremos mudar, mas não queremos agir. Desejamos vencer, mas não queremos nos expor a riscos. Acontece que as coisas não são tão simples. Há uma série de diferenças cruciais entre um propósito definido e uma fantasia.

Para começar, é interessante ter claro que, quando fantasiamos, ignoramos todas as evidências reais da situação e acreditamos apenas naquilo em que queremos acreditar. Como os prisioneiros otimistas do relato de Stockdale, esperamos momentos melhores como um certo consolo para aliviar as dificuldades do momento atual, mas não avaliamos a situação numa perspectiva realista. Esse é um erro muito comum. E é aí que está o problema. Porque a desconexão com a realidade nos impede de agir estrategicamente para modificar o que precisa ser modificado. Acreditamos que tudo vai dar certo, mas não nos empenhamos para fazer com que isso de fato aconteça.

A principal observação daqueles que estudam o desejo humano é que, em alguns momentos e em determinadas circunstâncias, o ato de fantasiar torna-se quase uma necessidade de sobrevivência. Isso porque ela cria uma série de sentimentos que, muitas vezes, em certos momentos, tornam a vida mais tolerável. É uma esperança infundada que, durante algum tempo, nos ajuda a nos sentirmos mais à vontade. Ela é o tipo de remédio que acalma a dor sem curar o ferimento.

Existem quatro tipos de ilusão que explicam nossa necessidade de fantasiar. A primeira é a sensação de conforto. Por exemplo: quando fantasiamos sobre o futuro, normalmente imaginamos dias melhores que hoje. No mundo atual, a confiança no futuro tornou-se um recurso muito importante. Não fantasiamos porque esperamos que essa fantasia se realize, mas porque, ao fantasiar, fugimos da realidade em que nos encontramos e abrimos uma pequena janela pela qual podemos vislumbrar uma alegria momentânea. Fantasiar sobre o futuro pode tornar o presente mais tolerável. Aí é que está o problema: em vez de nos projetar no futuro, quando fantasiamos, trazemos para o presente a mesma sensação que obteríamos ao alcançar uma vida melhor. Isso cria um certo conforto momentâneo, mas não estimula a transformação.

Muitas vezes, a segunda ilusão é a falsa noção de esperança. Assim como costumamos fantasiar sobre o futuro, muitas vezes também fantasiamos que talvez essa fantasia se torne realidade. Quem sabe se alguma força fora da nossa compreensão não realizará essa fantasia? Mas o que acontece se essa esperança não se realiza?

O terceiro tipo de ilusão é a sensação de controle. Você já se perguntou por que pessoas leem horóscopo e visitam cartomantes? Fantasiar uma realidade diferente no futuro nos dá uma sensação de controle no presente. Se soubermos o que acontecerá, estaremos no comando. Por isso, geralmente separamos as coisas positivas e nos apegamos a elas. Essas fantasias são as boias que nos mantêm estáveis no presente.

E, por fim, ela nos dá um falso senso de proteção. Da mesma forma como fantasiamos um futuro colorido, também projetamos um futuro negro. Ao projetar o pior, justificamos nossa falta de ação e conseguimos viver com ela. Depois, usamos essa projeção negativa para comparar com a nossa situação presente. "Poderia ser pior" é o chavão que usamos nesses casos.

Todos esses motivos, essencialmente, são maneiras de nos desviar da responsabilidade de encarar a realidade. Eles sustentam nossas reclamações, críticas e atitudes negativas nos diferentes aspectos da nossa vida. A fantasia nos dá uma sensação de desejo de mudar; e, por isso, nos iludimos pensando que a culpa por esse desejo não se realizar não é nossa. Sem vontade para agir no presente, nos tornamos prisioneiros das circunstâncias e atribuímos a culpa pela nossa prisão à atuação implacável das circunstâncias sobre nós. Em outras palavras, encarar os fatos e agir sobre eles exige coragem, disciplina e ação. Não há como encará-los sem fazer algo a respeito. Por isso, fantasiamos.

Alguma vez você já iniciou uma dieta? Quanto tempo durou? Geralmente a dieta acaba quando vemos o primeiro prato de sobremesa diante de nós. Por quê?

8

Se você está lendo este livro, uma coisa é certa: você é capaz de reconhecer uma moeda de 1 real. Como eu sei isso? Porque todos nós temos essa imagem arquivada de forma muito clara em nossa mente. Não há como confundi-la, certo? Mas o que aconteceria se eu lhe pedisse para desenhar essa imagem da moeda de 1 real que você tem arquivada na mente, com todos os seus detalhes? Um desastre. Duvida? Proponho que pare a leitura e veja por si mesmo. Tente desenhá-la usando apenas sua memória.

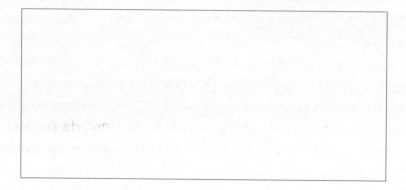

O que está acontecendo aqui? Por que você consegue reconhecer a moeda quando a vê, mas trava quando quer reproduzir seus detalhes no desenho? A questão é que a mesma relação que temos com a moeda de 1 real também temos com nossos sonhos. Geralmente conseguimos ter uma ideia em nossa mente do que eles são, mas temos dificuldades em retratá-los em detalhes. Parecemos ter uma noção clara sobre o que queremos, mas, se alguém nos pede para descrever o que queremos em detalhes, teremos dificuldades. Não é interessante? Todos nós temos facilidade em reconhecer o que queremos. Isso é natural. Mas temos dificuldades em descrever isso em detalhes. E esse é o nosso problema.

Por que isso acontece? Estudos mostram que ver e imaginar são dois processos gerados na mesma parte do cérebro: o córtex visual. É ele o responsável por projetar e gravar o que vemos. E, como mostrei no início deste capítulo, a mente usa três tipos de fontes para ativar uma imagem no cérebro: a memória, a percepção e a imaginação. Mas e daí? No caso do exemplo da moeda, sua imaginação não tem importância alguma. Para acessar a imagem da moeda, você tem duas opções: lembrar sua forma — que é evocar a memória arquivada no cérebro — ou ir até o porta-moedas e observá-la pessoalmente — que é a percepção.

Se eu lhe perguntasse qual das duas opções — lembrar ou vê-la — produz uma reação mais forte, o que você responderia? Obviamente diria que é ver a moeda. E você está certo. Para o cérebro, a percepção sempre será a fonte primária, e a memória, a secundária. O que isso quer dizer? Que as imagens reais sempre terão primazia sobre a memória. O papel principal da mente é a percepção da realidade. Quando se trata de clareza visual, a fonte primária é sempre a imagem real, física. Por isso, a tendência natural do cérebro é se ocupar mais com as imagens reais que estão diante de você do que com qualquer outra coisa.

Agora vamos olhar para isso em termos de passado, presente e futuro. Qual é a fonte primária? Ela sempre será o presente. Suas imagens são as mais reais, são o que você vê neste momento. Por isso, obviamente, elas sempre se sobrepõem à memória e à imaginação. E a fonte secundária? É o passado. São as memórias. As coisas que você já viu e sentiu. E somente depois, por último, vem a imaginação. Olhando sob esse ponto, não é difícil perceber por que é tão difícil visualizar uma realidade diferente da atual. Na verdade, a imaginação tem duas desvantagens cruciais sobre a memória e a percepção. A primeira é o fato de o conteúdo da imaginação não existir. Ele precisa ser criado. E a segunda é o fato de que grande parte das coisas que imaginamos é imediatamente descartada por causa da sua fragilidade. Por isso, a tendência natural é que o futuro seja sempre a fonte terciária.

Isso explica por que o processo de visualização é tão importante para obtermos o que queremos. A facilidade com que as imagens do presente e do passado se impõem sobre a imaginação é o nosso maior problema. Elas aparecem espontaneamente, ao passo que, para visualizar uma realidade diferente, precisamos criá-la e mantê-la na mente até se tornar um objeto vivo. Portanto, cada vez que você pensa sobre o futuro, a imagem que se impõe é do presente ou do passado. A realidade do momento é tão palpável, sólida e real que mantém o futuro numa visão estreita, da qual, se não criarmos um propósito definido, ela nunca escapa.

Voltando ao caso da dieta, por que é tão difícil derrotar a ideia de comer o brigadeiro quando o vemos? Justamente porque vê-lo é a realidade primária, enquanto o propósito de fazer a dieta é a realidade terciária. É muito difícil impor a realidade terciária sobre a primária. Para conseguir levar a dieta até o fim, precisamos intensificar nosso propósito de tal modo que ele adquira força primária.

Isso também explica por que é tão difícil visualizar e transformar o futuro numa ação concreta do presente. Ou seja, como o cérebro sempre dá preferência à atividade primária, mesmo que você deseje visualizar o futuro, as imagens do presente e do passado se interpõem e assumem o controle. Você sabe que amanhã terá que apresentar seu projeto no trabalho e precisa se preparar para a apresentação. Mas nesse momento está passando seu programa favorito na televisão, o que você faz?

Para mudar precisamos criar uma imagem muito clara do que queremos. Essa imagem precisa ser tão nítida, clara e concreta a ponto de se confundir com a própria realidade. Imagine Ray LaMontagne renunciando a seu emprego na fábrica de calçados e comprando uma coleção de discos para se dedicar a uma nova carreira. Os atrevidos conseguem criar esse tipo de relação com o futuro. E isso lhes dá um poder incomparável.

CAPÍTULO 5
OS PERIGOS DO ATREVIMENTO

Descansar? Descansar de quê?
Eu, quando quero descansar, viajo e toco piano.

ARTHUR RUBINSTEIN
Considerado um dos melhores pianistas do século XX

1

O Tour de France é uma competição de ciclismo realizada desde 1903, todos os anos, durante o verão europeu. O percurso é uma volta em torno do território da França e tem cerca de 3.600 quilômetros. Ele corta os Alpes e os Pireneus. É irregular e montanhoso. A prova dura três semanas e o roteiro é dificultado ao extremo para testar o preparo físico dos atletas. Nos principais dias da prova, os ciclistas consomem até 10 mil calorias diárias. Analistas gostam de dizer que participar do Tour de France é como correr vinte maratonas em vinte dias seguidos.

Imagine o seguinte cenário: um ciclista de desempenho razoável é diagnosticado com câncer testicular aos 25 anos de idade. Num diagnóstico mais meticuloso, descobre que o câncer já se espalhou. Propagou-se principalmente para um dos pulmões e o cérebro. O tratamento exigirá meses de internação, cirurgias complexas e intensa quimioterapia. Qual a chance que esse ciclista teria de algum dia vencer o Tour de France?

Em 1996, pouco antes de completar 25 anos, o ciclista americano Lance Armstrong recebeu a notícia de que estava com câncer. O médico lhe disse que a situação era grave: o tumor já havia se alojado nos pulmões e no cérebro. Nos meses seguintes, ele sofreu cirurgias no cérebro, no pulmão e nos testículos. Durante semanas, ficou no hospital, entre a vida e a morte.

Três anos depois, em 1999, ele venceu seu primeiro Tour de France, façanha que repetiu também no ano seguinte, e no seguinte, e no seguinte... e também nos três seguintes. Em 2005, Lance Armstrong impressionou o mundo ao tornar-se o único ciclista a vencer a prova sete anos seguidos nos cem anos do evento. Como ele conseguiu isso? Calma. Não se afobe. Segure suas respostas que, daqui a pouco, vamos analisar essa história mais a fundo.

2

Desde os gregos antigos fomos orientados a tomar nossas decisões e fazer escolhas usando a razão. Em tese, fazer uma escolha racional significa analisar os prós e os contras e decidir a partir dessa análise. Essa ideia levou filósofos como Platão e, posteriormente, Descartes a se tornarem ícones a partir dos quais se construiu todo o conhecimento moderno ocidental. Em outras palavras, a ideia, pelo menos em termos gerais, é esta: o que nos separa das demais espécies é nossa racionalidade e quando agimos de forma irracional nos aproximamos dos outros animais. Mas até onde essa racionalidade funciona?

Platão imaginava a mente humana como uma charrete puxada por dois cavalos. "A razão", ele dizia, "precisa segurar as rédeas e conduzir os cavalos — que são nossas paixões. Sempre que elas quiserem andar por conta própria, a razão, com o chicote numa mão e as rédeas na outra, precisa contê-las e retomar o controle." Platão disse que um cavalo era negro, teimoso, de pescoço duro, e representava nossas paixões mais selvagens. O outro era mais manso e representava as paixões boas. Para ter uma vida equilibrada, era necessário que a razão mantivesse os dois num único compasso. Ele acreditava que sempre que a razão e paixão entram em conflito a razão é a que está correta. Segundo Platão, é a ela que temos que obedecer. "Se a razão conduzir nossas ações, nossa vida será em harmonia e felicidade, e teremos capacidade de nos tornar mestres de nós mesmos", disse.

A questão é intrigante e tem seu mérito, afinal foi ela que orientou toda a concepção filosófica e científica do Ocidente. Praticamente qualquer pessoa hoje está convencida de que quando se trata de desejos humanos há duas forças envolvidas. Uma é a razão e a outra, a emoção. Mas não só isso. A maioria de nós também está convencida de que quando se trata de escolhas sempre é mais sábio seguir a razão. Mas... e se formos para a prática, será que isso é tão óbvio assim?

Em 1996, o neurologista António Damásio estudou pacientes que haviam sofrido lesões na parte do cérebro conhecida como córtex pré-frontal ventromedial. Estudos mostram que essa parte do cérebro, que fica atrás do nariz, é responsável por desempenhar um papel fundamental na tomada de decisões. Sua função é organizar as informações que recebemos do mundo exterior, atribuir prioridades e classificá-las de acordo com sua importância.

Por exemplo, você acabou de receber um bônus de 5 mil reais. Você pode usar parte dele para pagar a mensalidade da faculdade que está atrasada, ou usá-lo por inteiro para comprar o aparelho de TV que está paquerando há meses exposto na vitrine da loja em frente a sua casa, e que custa exatamente 5 mil. O que é mais importante para você? A maioria de nós sabe que o correto seria pagar a mensalidade atrasada. Mas, mesmo assim, geralmente acaba comprando o aparelho de TV. Por que fazemos isso? Porque existe um apelo maior na compra da TV. E, acredite ou não, temos uma parte do cérebro que é responsável por esse apelo. Ela se chama córtex pré-frontal ventromedial.

Quando uma pessoa sofre lesões nessa área do cérebro, ela tem dificuldade em processar as emoções que criam esse apelo, mas a capacidade para o raciocínio e outras funções cognitivas permanece intacta. Em outras palavras, o único problema que essa pessoa enfrenta é que ela não consegue mais avaliar a importância que cada informação tem no contexto de seus desejos.

Então, o que isso significa? O que podemos concluir a partir da descoberta de Damásio em relação à filosofia de Platão? Em tese, isso significa que pessoas com esse tipo de lesão, livres da influência produzida pelos desejos, devem ter uma facilidade extraordinária para fazer escolhas e tomar decisões acertadas. Mas será que foi isso que aconteceu com os pacientes estudados por Damásio?

Para um dos pacientes, ele sugeriu duas datas alternativas para as próximas sessões. Ambas as datas eram para o mês seguinte e com apenas alguns dias de diferença. No seu revolucionário livro *O erro de Descartes*, ele descreve o que aconteceu:

> O paciente pegou sua agenda e começou a consultar o calendário. O comportamento que se seguiu, testemunhado por vários investigadores, foi digno de nota. Durante quase meia hora, o paciente enumerou razões a favor e contra cada uma das duas datas: compromissos anteriores, proximidade de outros compromissos,

possíveis condições meteorológicas, virtualmente tudo o que se possa pensar a respeito de uma simples data. Ele nos fez passar por uma cansativa análise de custo-benefício, uma interminável lista de comparações inconclusivas entre as opções e as impossíveis consequências.

Que podemos concluir disso? Que o comportamento dessas pessoas foi exatamente o contrário do que se poderia esperar. Sem a influência de emoções básicas, essas pessoas eram incapazes de fazer até mesmo as escolhas mais simples — como decidir que roupa usar. Os cavalos que puxavam a charrete, isto é, os desejos que impulsionavam as ações, não estavam mais lá. E sem eles, a razão, sozinha, não conseguia sair do lugar. Com isso, a vida dessas pessoas tornou-se um caos completo. Ao olhar para determinada situação, elas viam uma infinidade de opções, mas não tinham a mínima capacidade de julgar. Careciam de discernimento. Não havia, por exemplo, a distinção entre "o que me satisfaz" e o "que não me satisfaz". Mesmo avaliando todos os prós e contras, faltava-lhes o motivo pelo qual deveriam escolher entre uma e outra coisa. Em outras palavras, ali estava uma evidência incontestável: no processo de escolha, as emoções são muito mais importantes do que imaginamos. Mais que isso, são indispensáveis.

Aposto que muitas pessoas compartilham dessa mesma sensação quando estão comprando alguma coisa. Uma peça de roupa ou um calçado novo, por exemplo. A razão lhes diz claramente o que fazer, mas a emoção as impede completamente de fazer o que a razão sugere. Pense nas três escolhas que, pelo menos para a maioria das pessoas, seriam consideradas as decisões mais importantes da vida:

1. Qual profissão seguir?
2. Com quem se casar?
3. Ter filhos ou não?

Em qual dessas três você acha que é possível ser plenamente feliz se fizermos uma escolha puramente racional? A resposta aparentemente óbvia é em nenhuma. E a razão disso é muito simples: na maioria dos casos, a razão é analítica e toda análise é comparativa. Quando você faz uma escolha racional, analisa um fator em relação a outro. E esses fatores, geralmente, são externos e objetivos, e por isso menos importantes para sua felicidade, que é, em essência, interna e subjetiva. E a paixão, ao contrário da razão, se desenvolve de dentro para fora, e por si só. Assim como a felicidade, é subjetiva, o que faz dela uma expressão autêntica do desejo genuíno que há em nós.

Imagine, por exemplo, que você pudesse se conectar a uma máquina mágica que lhe proporcionasse todos os sentimentos que você quisesse, sem qualquer tipo de efeito colateral. A única restrição seria que você só pudesse escolher três emoções. Quais você escolheria? Se você é como a maioria das pessoas, provavelmente escolheria felicidade, paixão e entusiasmo. Afinal, que mais poderíamos querer? A questão é que não queremos esses sentimentos dados por uma máquina. Queremos obtê-los de forma natural. Por isso, atalhos como drogas, festas, comida e compras não nos satisfazem. Na verdade, todas essas coisas não passam de escapes temporários que produzirão ainda mais sofrimento posterior. E a razão disso é que essas atividades não preenchem o vazio que existe em nós. Queremos sentir essas emoções, mas queremos ser dignos delas. E onde, então, podemos encontrá-las?

3

Como você explicaria a incrível capacidade de alguns poucos de superar os obstáculos mais adversos diante da incapacidade generalizada da maioria de superar os desafios corriqueiros da vida? A resposta é simples: há um erro crucial no modo como a maioria encara a vida. Ainda adolescentes aprendemos que, para alcançar sucesso, precisamos fazer muito dinheiro. E como se obtém dinheiro? Através da nossa atividade profissional. A partir do momento em que isso fica claro, o fundamento sobre o qual estruturamos nossa vida é nossa carreira profissional. Em torno dela gira o resto.

E como escolhemos nossa profissão? Estudos mostram que, geralmente, usamos uma estratégia que leva em conta três fatores. Primeiro, olhamos à nossa volta para descobrir quem está ganhando dinheiro. Queremos uma profissão rentável. Temos aqui, então, o primeiro fator: renda. O segundo é segurança. Queremos algo que nos dê uma boa renda, mas também queremos que seja um negócio seguro. Por fim, além de renda e segurança, queremos uma atividade que não exija muito de nós. Que não nos desafie constantemente. Que seja fácil e simples de fazer.

Claro que existem exceções, mas essa é a regra geral. É essa estratégia que a maioria das pessoas usa para definir a primeira das três perguntas mais importantes da sua vida: qual profissão seguir? E por que essa estratégia quase sempre fracassa? Em tese, porque ficamos tão absorvidos pelos detalhes desses três fatores — dinheiro, segurança e moleza — que esquecemos o que temos de mais seguro e valioso: nossos desejos mais ardentes. Aquilo que vibra dentro de nós. Esse erro tem sua origem em três moldes culturais amplamente difundidos. O primeiro é acreditar que podemos nos tornar bons o suficiente para obter um desempenho extraordinário em qualquer atividade. Estranhamente, pensamos que podemos escolher uma carreira, estudar alguns anos e pronto, estamos aptos para ser um bom profissional. Será que se Mozart, por exemplo, tivesse se esforçado e se dedicado à prática de ciclismo em vez de se dedicar à música teria se tornado um ciclista tão genial como foi na música? E se Lance Armstrong tivesse se dedicado à música tanto quanto se dedicou ao ciclismo, será que teria conseguido o mesmo desempenho que atingiu no ciclismo? Difícil saber, mas as chances parecem poucas.

O segundo molde cultural é acreditar que o problema que nos impede de crescer está nos nossos pontos fracos. E, a partir de então, para atingir um nível maior de sucesso, passamos a nos focar neles para corrigi-los. Essa ideia é tão profundamente incutida em nós que é comum segui-la mesmo quando vai contra todos os nossos desejos, vontades e inclinações. Pense, por exemplo, no esforço feito para estudar alguma matéria, como química, biologia ou história, mesmo que não tenhamos nenhuma vontade de aprendê-la. Será que não seria mais eficaz investir esse tempo e energia em aprender algo para o qual nos sentimos fortemente atraídos? Ou em vez de escolher uma carreira que nos desse alguma esperança de renda, segurança e mordomia, olhar para uma necessidade que existe no universo e supri-la com nosso talento?

Mas existe um terceiro equívoco. E ele vem da crença de que quanto maior for o círculo de abrangência do nosso conhecimento melhor nos daremos na vida. É a síndrome do faz de tudo um pouco. Você sabe um pouco de várias coisas, mas não se especializa em nada. Seu conhecimento se espalha por uma vasta área, mas se mantém na superfície. Carece de profundidade. E isso é um erro. Porque pessoas que deixam sua marca no mundo são muito boas em uma única coisa. É claro que, se você for muito bom em uma coisa, um amplo conhecimento superficial em várias áreas pode ser útil. Mas é preciso ter profundidade.

Um exemplo muito claro desse conceito foi Madre Teresa de Calcutá. Ao longo de sua vida, ela criou uma organização chamada Missionárias da Caridade. Enquanto outras ordens da Igreja Católica perdiam força, ela chegou rapidamente a 4 mil membros. Como ela conseguiu isso? Lucinda Vardey, que passou grande parte da vida ao lado de Madre Teresa, explica: "Ela é uma empreendedora enérgica que identificou uma necessidade e fez algo em relação a isso". O mistério do segredo de Madre Teresa pode ser resumido a uma frase: "Identificou uma necessidade e fez algo em relação a isso". Isso me faz lembrar de uma cena do filme *Amigos, sempre amigos*.

Dois personagens fazem uma cavalgada tocando gado sob o vasto e escaldante céu do Novo México, enquanto refletem sobre a vida. No desenrolar da conversa, um deles se volta para o outro e pergunta:

"Sabe qual é o segredo da vida?" "Não. Qual é?"

O caubói levanta o dedo indicador e diz:

"Isto."

O outro, sem entender muita coisa, pergunta: "Seu dedo?".

"Uma coisa", o outro responde. "Uma única coisa. Concentre-se nisso, e o resto não vale mais nada." "Perfeito, mas qual é essa 'única coisa'?" "Isso é o que você precisa descobrir."

Os atrevidos fazem exatamente isso. Primeiro, eles possuem a rebeldia necessária para romper os moldes culturais que lhes dizem o que deveriam fazer. Segundo, são suficientemente audaciosos para apostar todas as suas fichas numa única coisa. Com o tempo, se tornam geniais nisso.

Acho que ajuda a compreender esse ponto se fizermos uma breve reflexão. Imagine que eu esteja fazendo uma avaliação profissional. A primeira coisa que eu preciso saber é no que você é realmente bom. Separe, na mente, sua única coisa. Qual é? Você tem isso claro?

Como mostrou o psicólogo americano Gay Hendricks, nossas atividades ocorrem basicamente em quatro grandes zonas, que ele classificou como zonas da incompetência, da competência, da excelência e da genialidade. Levando em conta a sua "única coisa", em qual dessas quatro zonas você está?

A zona da incompetência, segundo Hendricks, é composta pelas atividades em que não somos bons, outros conseguem fazê-las muito melhor do que nós. Nela, geralmente temos um emprego e trabalhamos pelo salário. Desenvolvemos uma atividade pelo dinheiro. Não nos especializamos em nada. Não há paixão naquilo que fazemos. Tudo gira em torno de dinheiro, segurança e a busca por moleza. Segunda-feira é um peso. Sexta-feira, um alívio. O tempo se arrasta e não vemos a hora de chegar à noite ou ao final de semana para nos divertir, ter prazer e viver a vida.

Quando você avança um pouco, chega à zona da competência. "Você tem competência de fazer certa atividade, mas outros conseguem fazê-la tão bem quanto você", define Hendricks. Nela, você ainda tem um emprego. O trabalho ainda é motivado pela remuneração, mas outros fatores como ambição, *status* e poder também estimulam. Você possui algumas metas ou objetivos. Talvez até mesmo um propósito de vida. O dia a dia ainda é estressante, mas tem um senso de importância que vai além do que seria simplesmente um emprego. Geralmente o profissional competente aprimora um tipo de atividade com experiência, prática e conhecimento, mas ignora seu talento. Por isso lhe falta a energia vital que transforma o trabalho na sua missão natural de vida.

O terceiro nível é a zona da excelência. Pessoas que estão nesse nível desenvolvem sua atividade primária extremamente bem e sentem paixão pelo que fazem. Não há distinção entre lazer e trabalho — os dois se confundem. E o dinheiro já é visto como uma consequência natural do que fazem. Você segue um chamado interior para descobrir e desenvolver seus pontos fortes.

Por fim, vem a zona da genialidade. "Aqui está a atividade para a qual estamos perfeitamente adequados", diz Hendricks. Num certo sentido, todos nascemos com um talento. Uma atividade que conseguimos fazer melhor do que a maioria absoluta das pessoas. Uma vez que descobrimos essa atividade, ela se torna espontaneamente o centro da nossa atenção. Ela se mescla com nossa vida. Torna-se a vida. Ela flui naturalmente. Não percebemos mais distinção entre viver, descansar e trabalhar. A zona da genialidade é o encontro da curiosidade, da consistência e do desejo permanente de evolução. Suponha, por exemplo, que aos 7 anos de idade você tenha identificado seu talento natural — aquela atividade especial que fazia você se perder no tempo. Imagine que você tivesse transformado essa atividade na sua única coisa. Isso significa que, todos os dias, tenha dedicado o máximo de horas para se aprimorar nela. Como você estaria hoje?

Uma pessoa pode tornar-se competente em quase tudo, mas ela não pode se tornar genial fora da área do seu talento. Da mesma forma, ninguém consegue atingir a genialidade num emprego ou numa carreira. Você só desenvolve a genialidade quando foca no seu talento. É ali que está o seu potencial. Por isso, é possível ter um emprego ou uma carreira medíocre. Mas não é possível ser medíocre quando se atua sobre o talento.

Quando você descobre o trilho do seu talento e o segue, uma força interna passa a conduzi-lo — dando acesso ao campo de todas as possibilidades e da criatividade absoluta. Mas como podemos descobrir esse talento em nós?

4

Em um de seus livros, Wallace Wattles relata que certa vez encontrou um menino sentado diante de um piano. Wallace percebeu que ele estava angustiado. Tentava, desesperadamente, criar harmonia entre as notas. Mas suas atitudes mostravam que ele não estava conseguindo o que pretendia. Ao perceber que o garoto estava contrariado pela sua inabilidade de tocar, Wallace aproximou-se dele e perguntou-lhe qual era a causa de sua frustração. "Eu posso sentir a música em mim, mas não consigo fazer minhas mãos tocarem a nota certa", o menino respondeu.

O que podemos concluir disso? Que ele não tinha talento para ser pianista? Na verdade, não. Ao contrário do que poderíamos pensar, a música que ele sentia em si era exatamente o talento exigindo sua reverência. Em outras palavras, sua incapacidade de tocar piano não nega o talento; mas revela sua existência. Sabe-se que talento é uma energia vital. E todas as energias vitais têm essa força.

Essa história nos oferece outra lição, ainda mais importante. Ela nos diz que o processo da construção do sucesso, em grande parte, se resume a aperfeiçoar nosso talento. Por exemplo: se tem claro qual atividade é o seu talento natural, você já descobriu sua zona da genialidade. E daí? Agora, o próximo passo é transformar essa atividade na sua *"única coisa"*. E desse momento em diante a ideia é se concentrar exclusivamente nela. O resto não vale mais nada. Seu único objetivo a partir de agora passa a ser sua única coisa. Desenvolvê-la até a genialidade.

Voltando ao caso do menino, o que você acha que aconteceria se ele dedicasse o resto da vida a aprender e aperfeiçoar a arte de tocar piano?

Por que a maioria de nós falha nessa tarefa tão fundamental? É difícil saber. Mas uma das razões talvez é que raramente sabemos qual é nosso talento. Se eu lhe perguntasse qual é o seu talento, por exemplo, é bem provável que você ficaria um tanto confuso com a resposta. Ou não? E como, então, você pode descobri-lo? Estudos recentes apontam três pistas que podem nos levar até ele.

Suponha que eu o convide para passar o final de semana num sítio arqueológico — num calor escaldante, para escavar o solo em busca de artefatos antigos. Qual seria a chance de você aceitar meu convite? Depende do interesse que você tem nesse tipo de coisa. Não há como ter interesse em escavar um sítio arqueológico se você não tiver certa curiosidade para arqueologia ou história. Essa então é a primeira pista.

Podemos nunca ter pensado antes a respeito da curiosidade como uma seta indicando a direção do nosso talento natural. Mas se, por exemplo, eu lhe pedisse para fazer uma lista de coisas pelas quais você tem curiosidade, certamente não encontraria dificuldade em apontar, pelo menos, algumas. A pergunta então é: o que faz você ter curiosidade por algumas coisas e por outras não?

Você só tem curiosidade genuína sobre áreas do conhecimento onde há uma codificação genética estimulando esse interesse. Se você, por exemplo, não tem inclinação natural por arqueologia ou história, a curiosidade simplesmente não estará lá. E, obviamente, será pouco provável que se lance numa expedição arqueológica para escavar o solo em busca de artefatos, construções ou evidências de atividades humanas ocorridas há milênios. No entanto, existem pessoas que doam sua vida a essa atividade. Elas possuem verdadeira paixão por ela.

É claro que podemos ter curiosidade sobre inúmeras coisas. Você pode, por exemplo, ter curiosidade por visitar um sítio arqueológico, passar um final de semana escavando solo e, depois, não ter interesse em retornar a esse lugar. Por isso, para descobrir nosso talento natural temos que avaliar a consistência da nossa curiosidade. Essa é a segunda pista. Você precisa naturalmente ser capaz de executar essa atividade consistente e ininterruptamente por longos períodos sem se cansar ou enjoar. Por exemplo: se você quer vender seu carro, pode se dedicar com extremo empenho a encontrar um comprador perfeito e fazer uma venda extraordinária. Mas, a menos que você se sinta estimulado o tempo todo a vender carros, isso dificilmente significa que você tenha talento para vender carros.

Por último, o talento natural cria em nós o desejo constante de querer evoluir no desempenho dessa atividade. Essa é a terceira pista. As pessoas que atuam na área do seu talento são impulsionadas pela busca constante de querer progredir. Tornar-se melhor naquilo que fazem. Pense em Masaru Ibuka e sua obsessão pelo transistor, LaMontagne se trancando no quarto e ouvindo suas músicas preferidas e aprendendo com elas, ou mesmo Lance Armstrong treinando duro por anos, inclusive ainda debilitado pelo câncer.

E, assim como no caso desses exemplos, a maestria muitas vezes chega somente após longos anos de esforço. A propósito, essa é uma distinção muito importante. Há uma grande diferença entre uma atividade que é agradável e outra que nos inquieta, que exige de nós um nível máximo de perfeição. Apenas essa última pode ser considerada nosso talento natural.

Tudo isso sugere que quando atuamos sobre nosso talento natural teremos grandes vantagens a curto e a longo prazo. A primeira é que seremos movidos por uma curiosidade espontânea. Além disso, não teremos problema em trabalhar por horas a fio. E, por último, sentiremos a necessidade natural de avançar, de progredir.

Em qualquer atividade, os frutos desse tipo de combinação podem preparar o cenário para a genialidade.

E o que a maioria de nós faz? Justamente o oposto. Olhamos em torno, observamos o que as outras pessoas fazem e seguimos o exemplo delas. Acho que esse erro não é algo atípico. É um costume cultural. Por alguma razão, essa capacidade humana de compreender o próprio talento natural se perdeu. E estamos pagando um preço elevado por isso. Afinal, como vimos, não há nada mais seguro na vida do que o sucesso se formos capazes de descobrir nosso talento e desenvolvê-lo.

Por despertar em nós a curiosidade, a habilidade de longas horas de prática e o desejo constante de crescer, o talento é o principal fator que nos torna atrevidos. E por que essa estratégia funciona tão bem?

5

Você já percebeu que quando aprendemos uma segunda língua algumas pessoas desenvolvem um sotaque carregado e outras não? Por que isso acontece? A explicação, na verdade, está ligada à idade em que aprendemos a segunda língua. Quanto mais tarde nos dedicarmos a aprendê-la, mais dificuldades teremos, e maior será a chance de ter um sotaque carregado.

Isso ocorre porque as distintas áreas do cérebro têm diferentes períodos críticos nos quais essa área se desenvolve. Período crítico é um termo usado pelos neurocientistas para definir o espaço de tempo na nossa infância durante o qual desenvolvemos a base da estrutura sináptica do nosso cérebro. Em outras palavras, nesse período o cérebro intensifica a formação sináptica de certas áreas. Com isso, elas ficam extremamente sensíveis para a aprendizagem, tornando-a rápida e intensa.

No caso da linguagem, o período crítico começa em idade tenra e vai se reduzindo a partir dos 8 anos, concluindo o ciclo no fim da puberdade. Após essa idade, o período crítico da linguagem se fecha. A partir de então, a habilidade para aprender uma segunda língua diminui, e aprendê-la sem sotaque é difícil. Por quê? Se você aprende uma segunda língua em idade adulta, como o período crítico já se fechou, esse aprendizado não é mais processado na mesma área onde foi processada a língua materna. O cérebro irá utilizar outra área, que pode ser chamada de secundária, para processar esse novo conhecimento. Em tese, é como se ele improvisasse uma maneira de aprender a nova língua. Com isso, perdemos a fluência natural. Quando uma criança aprende duas línguas ao mesmo tempo durante a infância, o cérebro as processa na mesma área, por isso o sotaque, se existir, é quase imperceptível.

Para facilitar a compreensão desse processo, vou usar um exemplo bem simples. Suponha que você está no *shopping* procurando um sinal para acessar a internet. Tem o sinal 1, que é o mais forte. Ele possibilita duas coisas: acesso instantâneo e que você navegue com rapidez. Depois, tem o sinal 2, que já é um pouco mais fraco. O acesso é mais demorado e a velocidade mais lenta. Os próximos sinais, o 3 e o 4, por exemplo, são ainda mais fracos e, por isso, mais lentos e demorados. Como você sabe, a intensidade do sinal depende, pelo menos em parte, da distância a que você está do roteador. Quanto mais próximo, mais forte é o sinal.

Agora, vamos fazer de conta que as diferentes áreas do cérebro sejam sinais de *wi-fi* e sua idade, a distância a que você está do roteador. Quanto mais cedo você aprender a segunda língua, mais próximo estará do sinal mais forte, e maior facilidade terá para aprender. Quanto mais se afastar da adolescência, mais fraco o sinal 1 ficará, e, em algum momento, ele desaparecerá. A partir de então, se quiser aprender uma segunda língua, terá que acessar o sinal 2, mais lento que o sinal 1. É claro que essa é uma comparação bastante simplificada. Deixa várias lacunas abertas. No entanto, é um bom exemplo para entender como esse sistema funciona.

E o que isso tem a ver com o talento? Existe uma semelhança importante. Assim como temos um período para aprender a falar uma língua com maior rapidez e facilidade, sem afetar a pronúncia, também temos uma aptidão natural para aprender certas atividades com facilidade maior que outras. Se eu perguntar, por exemplo, de qual disciplina você gostava mais — matemática ou gramática —, você certamente não terá dificuldades em dizer. Assim como, facilmente, também conseguiria lembrar o nome de um colega que era muito melhor que você em uma dessas duas atividades.

Acredite ou não, isso não quer dizer que seu colega era mais inteligente que você. Isso apenas revela que você e seu colega tinham aptidões diferentes. O que define essa aptidão é nosso talento. É como o exemplo do *wi-fi*. Suponha que seu sinal 1, o mais forte, seja matemática. Você terá enorme facilidade para navegar pelo conteúdo, tem curiosidade para aprender mais, pode ficar fazendo cálculos horas a fio e sente prazer em resolver questões complexas. Agora imagine que gramática seja o sinal 3 — bem mais fraco que o 1. Que sensação você terá ao estudar gramática? A mesma que temos quando navegamos com um sinal fraco. Tudo acontece com mais dificuldade e uma lentidão maior.

É também assim com nosso talento. Temos aquela atividade em que tudo flui com leveza, que aprendemos com facilidade, e exercê-la nos dá prazer e satisfação. Assim como o menino diante do piano, temos um desejo intenso de praticar. Esse desejo é a prova de que temos o poder necessário para aprendê-la. Mas é preciso desenvolver esse poder. Pense no número de coisas que existem pelas quais você não sente o menor desejo. Elas não despertam desejo porque você tem em si um poder ou uma capacidade natural reduzida de desenvolvê-las.

Mas claro, como seres humanos, vivemos, desde o nascimento, imersos num mundo complexo, variado e imprevisível. E dizer que o talento é resultado da nossa constituição sináptica não é o mesmo que dizer que algumas pessoas nascem com talento e outras não. Tampouco dizer que todos temos um talento é dizer que todos temos o mesmo potencial. Na verdade, temos todos a mesma capacidade para desenvolver nosso potencial, seja ele do tamanho que for. Porém o tamanho do potencial não é o mais importante, porque a felicidade não está relacionada aos resultados produzidos pelo talento, mas sim ao nível em que o desenvolvemos. Mas... e como isso funciona na prática?

A brasileira Moema Umann é uma atriz e diretora de cinema que reside em Nova York. Quando a conheci, em 2011, ela tinha 29 anos e um vasto histórico de conquistas. Já protagonizou vários curtas, dirigiu outros e já teve seus trabalhos apresentados em vários festivais, inclusive no de Cannes. Aos 4 anos, ficou órfã de pai e mãe. Foi criada por sua avó e suas tias. E desde cedo decidiu o que queria da vida: ser atriz. Essa era sua paixão. A partir daí, não mediu esforços para realizar esse desejo. Mas se olharmos para o histórico dela veremos que não havia nada, ou muito pouco, que a distinguisse de seus amigos de infância ou de seus colegas de escola, a não ser esse desejo.

Não havia nada, além do seu sonho, com que ela podia contar. Nenhuma condição especial que a colocasse numa situação privilegiada. Certo dia, nos encontramos para tomar um café e conversar em Chelsea, um bairro histórico de Manhattan, em Nova York. No desenrolar da conversa, não resisti e perguntei: "Você é inteligente?". Ela riu. "Sou. Eu comecei a construir minha inteligência desde cedo. Fui forçada a construí-la pelas minhas circunstâncias."

Moema é inteligente? Sim. Pessoas como ela possuem esse tipo de inteligência que discutimos lá atrás, no início do livro, quando falamos de George W. Bush. Moema tem uma inteligência prática que ela se dispôs a cultivar ao longo dos anos. Acredito que essa inteligência é o resultado da sua curiosidade que nasceu do seu desejo, da sua paixão. Hoje, essa característica é fundamental para seu sucesso no palco ou quando está na direção das cenas. Por essa razão, acho que podemos considerar Moema um exemplo de tudo que venho falando neste livro.

Há séculos entendemos o talento a partir de uma convicção única: um misterioso fenômeno que privilegia uns poucos, elevando-os ao topo, e que os distingue dos demais. De acordo com essa teoria, uma minoria privilegiada é constituída de seres especiais, que não dependem de esforço algum para deixar sua marca no mundo. Seu desempenho é o resultado mágico de fatores incompreensíveis e fora do alcance da maioria. Visto desse ponto, pouco resta para nós, a não ser contar com a sorte de ter nascido com esse poder. Mas acredito que pensar assim é um grande equívoco.

Acredite ou não, a habilidade que vemos nos extremamente bons sempre é um talento desenvolvido ao extremo. O rebatedor Ted Williams, um dos maiores astros do beisebol, por exemplo, praticava a rebatida até seus dedos sangrarem. O jogador de basquete Pete Maravich, considerado um dos cinquenta melhores da história da NBA, ia praticamente todos os dias para o ginásio quando ele abria, às 7 da manhã, e praticava arremessos até a hora de fechar, cerca de catorze horas depois.

O que podemos dizer de histórias como as de Moema Umann, Ted Williams e Pete Maravich? Elas mostram que o que acontece é exatamente o oposto daquilo em que, muitas vezes, acreditamos. Pessoas que deixam sua marca no mundo não nascem feitas. Elas são atrevidas e se constroem ao longo dos anos, seguindo um passo a passo muito claro, quando desenvolvem a aptidão e a atitude necessárias para fazer o melhor dessas características.

O psicólogo Anders Ericsson chama esse passo a passo de prática deliberada. Trata-se de uma atividade projetada com o objetivo específico de melhorar nosso desempenho nessa atividade. Suponha que você queira aprender a jogar tênis. Por onde começaria? Primeiro, claro, estabelecendo o objetivo — quando e a que nível pretende chegar. Com base nisso, buscaria o conhecimento necessário — regras e informações relacionadas. Além disso aprenderia as técnicas necessárias, como táticas de posicionamento, modo de pegar a raquete etc. Tudo isso, porém, não faria de você um jogador de tênis. Por que não? Porque faltaria a prática. E é aqui que o conceito de Anderson cria importância.

Qual a diferença entre a prática comum, como jogar com seus amigos, e a prática deliberada? De acordo com Ericsson, na prática deliberada você precisa de um objetivo claro que ainda não atingiu, algo além da sua capacidade atual, e através da prática buscar, continuamente, alcançar esse objetivo. E, ao longo do processo, você avalia, monitora e corrige os elementos do desempenho que ainda não estão satisfatórios, até alcançar um nível de excelência.

Quando estabelecemos um objetivo para além da nossa habilidade momentânea, reconhecemos a nossa falta de conhecimento, preparo e técnica e damos início à disciplina diária para suprir essas deficiências. Esse tipo de busca é o que nos levará ao crescimento pessoal. Prática deliberada não é fazer um curso ou ler um livro ou assistir a uma palestra. Todas essas coisas são eventos importantes. Podem até encorajar decisões, motivar pessoas, mas não as estimulam a uma evolução monitorada e contínua em uma atividade específica. Na prática deliberada, o objetivo de cada dia deve ser melhorar em relação ao dia anterior. O processo de aprendizado é contínuo, resultante de disciplina e perseverança.

Estudos mostram que profissionais com longos anos de prática não são, necessariamente, mais experientes. O que mostra que a prática, por si só, não nos torna mais capacitados. Quando fazemos apenas o que já sabemos, não há progresso. Isso explica por que tantos de nós trabalham duro durante décadas e nunca se tornam notáveis. A razão disso é que, muitas vezes, simplesmente fazemos as coisas por fazer, sem monitoramento, avaliação e ajustes. Quando isso acontece, não só não melhoramos naquilo que fazemos, como tampouco nos tornamos melhores do que éramos quando começamos.

Apenas a prática deliberada pode fazê-los mais experientes. Moema Umann é um exemplo claro disso. O que a move em seu caminho é a prática deliberada. Ao vê-la em cena, alguém poderia pensar que ela nasceu assim — uma atriz talentosa. Mas esse não é o caso. Você não nasce atriz, pintor, vendedor, advogado ou pianista. Você *se torna* atriz, pintor, vendedor, advogado, pianista ou seja lá o que for.

A que conclusão então chegamos? À de que ninguém nasce um profissional competente. Nascemos com habilidades para desenvolver certa atividade com mais facilidade do que outras. E pessoas que alcançam desempenhos extraordinários descobrem essas habilidades, as transformam em sua *"única coisa"* e as desenvolvem incansavelmente. Elas iniciam um processo de aperfeiçoamento e se mantêm nele, se realimentando do próprio processo. Mas é importante notar que isso só funciona quando estabelecemos uma atividade sobre nosso talento. E não é difícil entender por quê. Quando a prática não tem como base o talento, a repetição excessiva, em vez de alimentar o processo, drena nossa vitalidade. E, quando isso acontece, normalmente paramos muito antes de chegar à perfeição.

7

Comecei este capítulo contando a história do ciclista americano Lance Armstrong. Fiz isso por dois motivos. O primeiro foi pela sua conquista. O que ele conseguiu foi algo extraordinário. Jamais na história do ciclismo um atleta chegou a demonstrar um nível de superação tão desconcertante. Mas há um segundo. Em 2012, sete anos depois de conquistar seu último Tour de France, uma coisa imprevisível aconteceu. Após mais de dez anos de intensas investigações cheias de altos e baixos, Lance Armstrong foi oficialmente condenado por uso de *doping* durante todas as edições em que conquistou o torneio. E, como não poderia ser diferente, perdeu todos os títulos conquistados depois de 1998 e foi banido do ciclismo mundial.

A sua primeira impressão talvez seja achar estranho ou inapropriado usar o exemplo dele aqui. Afinal, o fato de ele perder todos os títulos e ser banido do esporte não invalida seu exemplo? Na verdade não. Acho que a história de Armstrong é importante porque ela nos ensina duas lições cruciais. A primeira é o fato de que um talento natural, quando desenvolvido ao extremo, pode nos trazer uma vida de muitas glórias. A segunda é que somente aptidão, apesar do seu nível de desenvolvimento, sem a atitude correta, pode colocar tudo em risco.

Em tese, o que eu quero dizer é que seria impossível vencer o Tour de France sete vezes apenas com uso de *doping*. Suponha, por exemplo, que seu amigo — o mais perna de pau deles — usasse *doping*: será que ele se tornaria um Pelé? É claro que não. Por isso, acho correto concluir que Armstrong não venceu o Tour de France sete vezes simplesmente por usar *doping*. Somente atletas com o melhor preparo físico do mundo, no auge de sua carreira, têm chances reais de vencer essa competição. Nunca alguém que dois anos antes havia sido diagnosticado com câncer sequer ousara pensar em vencê-la. Por isso, Armstrong é um atrevido.

Essa então, pode-se dizer, é mais uma distinção básica entre atrevidos e acanhados. Os atrevidos definem sua carreira sobre seu talento. Depois, definem um objetivo claro e específico de desenvolver esse objetivo. Esse processo, embora seja uma escolha lógica, não é uma atividade racional. Ela é justamente o oposto: impulsiva e passional.

Mesmo durante o tratamento, ele não abriu mão do seu propósito. Pálido, magro, sem cabelos, sempre que podia, chamava um ou dois amigos, subia na bicicleta e andava até quase cair, voltando escoltado por eles, mal parando em pé. Você não age dessa forma simplesmente por força de vontade ou disciplina. Isso só é possível quando se tem paixão autêntica pelo que se faz.

Vendo-o nessas condições, para qualquer pessoa, Armstrong poderia parecer um louco, mas não para ele e para seus amigos mais próximos. Estes conheciam a paixão que ele nutria pelo ciclismo. Não havia loucura em suas atitudes, apenas paixão. E, se sua paixão era o ciclismo, sua obsessão era o Tour de France. Ao longo de sua carreira, praticamente não venceu outras competições. Nunca venceu uma Olímpiada. Mas ganhou sete vezes o Tour de France. Essa era sua única coisa.

A lição positiva é que, primeiro, ele teve a sensibilidade de perceber seu talento e de acreditar em si próprio nas circunstâncias mais severas. Depois, soube escolher sua única meta: o Tour de France. Com essa única coisa em mente, estreitou laços e relações com quem acreditava nas mesmas ideias que ele. E, por fim, desenvolveu seu talento através da prática deliberada, buscando conhecimento, técnica e exercício incansável durante o tempo necessário.

Sua paixão definiu o modo como ele encarou o risco, como se conectou com a sua equipe e as outras pessoas, como fez suas escolhas e tomou suas decisões, como se satisfez com o seu trabalho. Ele não deixou nada disso por conta do acaso. Tudo fez parte de um sistema planejado, de um padrão singular que ele criou para desenvolver seu talento. Fez tudo certo. Mas cometeu um erro básico de atitude. E isso foi o suficiente para colocar tudo a perder. O problema, porém, está no fato de que raramente vemos esse processo de construção. Quando nos deparamos com um vencedor, experimentamos o poder desse processo já no seu estado de perfeição. Esse poder nos intimida e nos faz sentirmo-nos distantes dele. Quando agimos sobre nosso talento natural, uma coisa mágica acontece: percebemos que não há mais competitividade externa. A única coisa com a qual teremos que competir é conosco mesmos. Quando isso acontecer, você verá que ninguém poderá derrotá-lo, exceto você mesmo.

A segunda lição de Armstrong, então, é o perigo que o atrevimento, quando não é baseado sobre uma conduta ética, representa. "Fui motivado pelo desejo indomável de vencer a todo custo. Isso me ajudou durante a doença. Mas o nível a que isso chegou é uma falha. E aquele orgulho, a atitude, aquela arrogância, não dá para negar", ele confessou, após a acusação ter se tornado pública.

Então, Lance Armstrong é importante aqui não só pelas suas extraordinárias conquistas, mas porque não entendeu algo que pode servir de guia prático para todos nós. Os atrevidos não competem contra os outros. Sua missão é interna, seu adversário são eles mesmos. Eles competem consigo mesmos e dão o máximo de si. Seu compromisso é um só: vencer amanhã quem eles são hoje.

CAPÍTULO 6

A FORÇA ESCONDIDA DO AMANHÃ

Vejo à frente vitórias e conquistas felizes.

SHAKESPEARE
Henrique VI, parte III

1

A Kimberly-Clark serve diariamente bilhões de consumidores em todos os cantos do mundo com seus produtos no setor de higiene e bem-estar. Um quarto da população mundial utiliza suas marcas mais famosas: Kotex, Kleenex, Huggies e Scott. Com um faturamento anual, em 2017, superior a US$ 18 bilhões, a empresa comercializa produtos em mais de 155 países. Oito de suas principais marcas ocupam o topo de vendas de produtos similares em mais de oitenta países.

Fundada em 1872, na pequena cidade de Neenah, no estado do Wisconsin, nos Estados Unidos, sua primeira atividade foi operar moinhos para a fabricação de papel para impressão. Mas logo começou um intenso processo de inovação, transformando vários mercados. Para se ter uma ideia, a Kimberly-Clark lançou o primeiro papel higiênico em rolo, o primeiro papel-toalha, o primeiro absorvente feminino, o primeiro lenço de papel descartável e as primeiras fraldas descartáveis, entre muitos outros itens.

A expansão mundial iniciou-se na década de 1950, quando foram inauguradas fábricas no México, na Alemanha e no Reino Unido. Na década seguinte iniciou operações em mais dezessete países. Em 1995, a empresa pagou US$ 9,4 bilhões pela sua principal rival: a Scott, tradicional fabricante americana de guardanapos, papel higiênico e papel-toalha. Recentemente, adquiriu duas importantes empresas fabricantes de materiais cirúrgicos, firmando-se como uma das gigantes também nesse setor.

O que existe por trás desse tremendo sucesso? Em grande parte, ele está relacionado a um homem que, por muitos, é considerado um dos grandes gênios empresariais do século XX. Seu nome é Darwin Smith. Entre 1971 e 1991, durante os vinte anos em que esteve à frente da Kimberly-Clark, ele a transformou de uma empresa com desempenho razoável num dos melhores exemplos de sucesso empresarial do século.

Mas essa é apenas uma resposta parcial que nos leva a outra pergunta: quem era Darwin Smith e o que o destacou tanto? Aparentemente, ele não tinha nada de especial. Suas biografias são raras e as que existem não são sucessos de vendas, pois a imprensa lhe dava pouco destaque. Mas se analisarmos brevemente sua biografia perceberemos sinais claros da fórmula que ele usou para desenvolver sua genialidade.

Smith nasceu numa família humilde. Para cursar a universidade, trabalhava durante o dia e estudava à noite. A juventude era árdua. Teve seus contratempos. Como certo dia em que perdeu um dedo num acidente de trabalho. Mesmo assim, não faltou à aula e no dia seguinte estava de volta ao trabalho. Apesar da personalidade discreta típica de rapaz do interior, conseguiu sair da Universidade de Indiana e ingressar em Harvard, onde se formou em direito. Após se formar, foi contratado pela Kimberly-Clark como advogado da empresa. E, em 1971, tornou-se o CEO.

Na época, a empresa era antiga e estável, mas acomodada. Nas duas décadas anteriores, as ações haviam caído 36%. Quando Smith assumiu a presidência, não houve euforia. A mídia e a própria equipe interna não acreditavam muito no potencial dele. Para piorar, dois meses após ser nomeado CEO ele foi diagnosticado com câncer na garganta e no nariz. Os médicos lhe deram menos de um ano de vida. Em vez de se abalar e renunciar ao cargo, a reação de Darwin foi estoica. Numa reunião interna, informou a equipe sobre o diagnóstico médico e declarou: "Ainda não estou morto e não pretendo morrer tão cedo!".

Sem renunciar ao cargo, trabalhou em tempo integral enquanto ia semanalmente de Wisconsin até Houston, no Texas, para fazer radioterapia. Ele viveu mais 25 anos, dos quais vinte como CEO da Kimberly-Clark, empresa que se transformou num dos maiores exemplos de sucesso dos últimos tempos.

2

Na primavera de 2002, o ciclista americano Floyd Landis mudou-se para Girona, na Espanha. Floyd, que na época tinha 26 anos, acabara de assinar um contrato temporário com a U.S. Postal, a equipe de Lance Armstrong. Todo ano, a U.S. Postal recrutava vinte ciclistas para uma temporada. Desses vinte, semanas antes do Tour de France, selecionava os oito melhores para integrar a equipe de Armstrong, que participaria da competição. Era o sonho de qualquer ciclista. Em Girona, Floyd dividia um pequeno apartamento com Dave Zabriskie, outro novato da equipe. Floyd e Dave se tornaram ótimos amigos e quase sempre treinavam juntos.

Certa manhã, depois de chover praticamente por duas semanas seguidas, Floyd disse a Dave: "Sabe de uma coisa? Hoje não vou treinar". Dave, que era o mais jovem da equipe, com apenas 22 anos, obviamente influenciado pela atitude de Floyd, também decidiu tirar o dia de folga. Os dois foram para um café que havia ali perto. Lá, passaram quase três horas conversando e tomando café. Quando recebeu a conta, Floyd percebeu que tinha bebido treze cappuccinos.

Lance Armstrong gostava de Floyd. Via nele um tremendo potencial. Mas também havia percebido que ele não tinha uma atitude muito profissional. Um atleta que pretende participar de uma competição difícil como o Tour de France, numa equipe altamente qualificada como era a de Armstrong, não poderia pular o treino e beber treze cappuccinos numa única manhã. Havia outra questão. Armstrong sabia que a situação financeira e a vida de Floyd não iam muito bem.

A equipe que ele integrara no ano anterior tivera sérias dificuldades financeiras e se desestruturou. Por conta disso, Floyd recebera apenas parte do valor combinado pela temporada, e, além disso, estava sem contrato havia meses. Estava inquieto, frustrado e preocupado. Como não recebera o combinado pela temporada anterior, não conseguia pagar suas contas. Tinha dívidas no cartão de crédito, contas médicas e odontológicas atrasadas, e mal conseguia sustentar a esposa e o filho, na época com 6 anos. Além disso, estava inseguro sobre seu futuro na U.S. Postal e até tinha dúvidas sobre se algum dia conseguiria algo grandioso numa profissão tão difícil como o ciclismo. Por outro lado,

Armstrong o queria ao lado dele na equipe que faria o Tour de France naquele ano. Mas atitudes como tomar treze cappuccinos numa única manhã afastavam qualquer chance de isso acontecer. Na manhã seguinte aos cappuccinos, Armstrong ficou sabendo da história. Procurou Floyd e perguntou:

"O que você vai fazer amanhã?"

"Vou treinar com o resto da turma e, depois disso, não sei", Floyd respondeu.

"Não. Quero que você treine comigo", disse Armstrong. "Precisamos conversar."

No dia seguinte, os dois saíram juntos. Durante o passeio, Armstrong expôs seu ponto de vista sobre toda a situação para Floyd. Fez alguns cálculos mentais. Deixou claro o que participar da competição poderia significar para sua carreira e para sua vida financeira. Por exemplo: se conseguisse integrar a equipe, e se eles vencessem o Tour, Floyd receberia US$ 50 mil como parte do prêmio. Além disso, Armstrong daria um bônus para cada participante. E claro, após vencer o Tour de France, o futuro de qualquer ciclista muda radicalmente.

"Mas para isso você precisa de foco e parar de se preocupar com qualquer outra coisa", Armstrong disse. "Enquanto estiver aqui, precisa desapegar-se mentalmente dos problemas com a família, da falta de dinheiro, do estresse, precisa ignorar tudo isso e focar na única coisa que você pode fazer agora: treinar! Praticar!"

Floyd pensou um pouco sobre o raciocínio de Armstrong e comentou:

"Isso é fácil de dizer. Mas difícil de fazer." Armstrong insistiu.

"Esqueça tudo. Apenas pratique, mantenha seu foco o tempo todo no treino."

O que isso nos diz? Armstrong queria que Floyd ignorasse seus compromissos financeiros e sua família? É claro que não. O que ele estava dizendo era que estar com o corpo na Espanha, onde estavam suas oportunidades, e a cabeça nos Estados Unidos, onde estavam seus problemas, não o ajudaria muito. Em outras palavras, a atitude que Floyd estava tendo, além de não resolver os problemas que ele havia criado no passado, não o estava ajudando a extrair o melhor do presente, única coisa que poderia mudar sua situação no futuro.

No desenrolar da conversa, Floyd acabou concordando com Armstrong. Nas semanas seguintes, os dois treinaram juntos. Em pouco tempo, ele criou um foco obstinado pelo treino. Com isso, desenvolveu a habilidade de evitar distrações maiores, de ignorar problemas paralelos e se concentrar exclusivamente no processo.

Floyd aprendeu a resolver situações, a agir sobre elas.

O que podemos tirar dessa história? De modo geral, Floyd era um ciclista talentoso e brilhante, mas estava numa situação que colocava em risco seu talento e seu brilhantismo. Suas dificuldades financeiras, em consequência de eventos do passado, o distraíam de tal maneira que todo o seu brilhantismo e talento eram ofuscados, desviando seu foco do presente e roubando a possibilidade de criar condições melhores no futuro. E o que Armstrong fez? Orientou-o a abandonar o passado. Suas adversidades, inseguranças e o desânimo que esses pensamentos produziam e que destruíam a única coisa que ele tinha em mãos para mudar a situação: o momento atual.

Armstrong mostrou para Floyd uma realidade nova. Literalmente, ele pegou Floyd, tirou-o mentalmente da situação de vida em que estava e mostrou-lhe uma situação de vida nova. Essa situação, na verdade, não existia. Era apenas uma possibilidade. Ao declarar essa possibilidade, Armstrong fez uma transformação radical no ponto de vista de Floyd. Essa transformação aconteceu primeiro no nível mental. Em vez de gastar seu tempo pensando nas condições criadas no passado, ele declarou um estado novo no futuro, e o presente se tornou o palco onde essa ação passou a se desenvolver. E como se faz isso?

3

Imagine uma reunião do alto-comando da Kimberly-Clark. Todos estão ansiosos sentados em torno de uma enorme mesa na sala de reuniões. Faz apenas oito semanas que Darwin Smith, ex-diretor jurídico da empresa, foi nomeado CEO. Nos últimos dias, corre o boato pelos corredores e antessalas de que ele está com câncer. Rumores dizem que o diagnóstico médico lhe deu menos de doze meses de vida. Na sala, ninguém sabe claramente a medida que Smith vai tomar. Na opinião de muitos, ele deveria renunciar e buscar tratamento. Outros acreditam que o caminho seria a renúncia definitiva.

Smith pigarreia e em seguida começa a falar. Seus colegas percebem que há certa dureza na expressão do seu rosto. Ele inicia falando da doença. Depois anuncia, com alguns detalhes, o diagnóstico do seu estado de saúde. Fala da previsão que o médico lhe deu sobre o provável tempo de vida que ainda lhe resta. É menos de um ano! Em seguida, faz uma pausa. Olha para o grupo e diz: "Mas ainda não estou morto! E não pretendo morrer tão cedo. Então vamos ao trabalho". Em seguida, passa para a pauta de ações da empresa.

Esse era o plano de Smith diante da sua condição. Simples, não é? E foi exatamente o que ele e sua equipe fizeram. A partir daquele momento até passarem-se duas décadas. Smith tratou sua doença sem renunciar um único dia ao seu cargo na empresa. E manteve-se nele por vinte anos. Claro que os primeiros tempos foram duros. Mas logo os resultados começaram a aparecer e a vida voltou à normalidade.

Em outras palavras, Darwin ignorou sua sentença de morte, venceu o câncer e transformou a empresa num sucesso absoluto. Que sensação esse tipo de atitude nos transmite? Que pessoas como Smith podem conseguir o que quiserem da vida. Como ele conseguiu isso?

Há duas lições na história de Smith que não podemos deixar passar em branco. A primeira é uma característica que ele cultivou desde a infância. Ela é simples, clara, mas muitas pessoas torcem o nariz para ela: Smith estava disposto a trabalhar com afinco, a assumir a responsabilidade por si mesmo e a preparar-se a qualquer custo. Acho que acreditamos que essa é uma explicação muito simplista para o sucesso. Geralmente queremos alcançar nossos objetivos sem ter que trabalhar muito, assumir responsabilidades ou nos preparar para isso.

A segunda lição, e talvez a mais importante, é a coragem e o atrevimento com que ele impôs suas condições ao longo da vida. Smith não nasceu um atrevido. Pelo contrário, era um rapaz de família humilde, vindo do interior, com pais sem muitas condições e sem formação superior. Cenário perfeito para tornar-se um acanhado. No entanto, veja como ele foi se impondo passo a passo diante da vida. Concluiu o ensino médio numa escola pública, formou-se numa universidade de nível médio, estudando à noite e trabalhando em horário integral durante o dia, e, mesmo assim, atreveu-se a sonhar com Harvard. Mas não só isso: conseguiu entrar no curso de direito. Qual é o segredo por trás desse tipo de atitude?

É claro que a história de Smith é complexa e até estranha, e seu horizonte de virtude é vasto. Mas ela revela um ponto crítico que é o núcleo deste capítulo. Esse ponto é o seguinte: pessoas de sucesso fazem anúncios formais ao universo expondo sua intenção de executar determinada ação, desenvolver um empreendimento específico ou adotar certa atitude. Mesmo se encontrando em situações adversas, como uma doença terminal, elas se atrevem a se projetar mentalmente para fora dessa condição, e declaram o que desejam. Apesar de levarem em conta a realidade dos fatos, não são afetadas por ela. Ao contrário, declaram seu propósito, e, de maneira irrevogável, seguem o caminho que as leva à realização desse propósito.

Winston Churchill, quando eleito primeiro-ministro da Inglaterra, na década de 1940, já tinha 65 anos. O mundo estava em guerra. O exército alemão e seus aliados já haviam dominado quase toda a Europa. A Inglaterra seria o próximo alvo. Mas apareceu Churchill. Sob sua liderança, o país recusou-se a ceder às ameaças nazistas. Por mais de um ano, enfrentou sozinho a ameaça da invasão alemã. Diante da imbatível resistência britânica, e com a ajuda de conspiradores, que eram membros da própria realeza, havia rumores de que Hitler estava costurando um acordo com a Inglaterra. A resposta de Churchill a esses rumores entrou para a história:

> Nós estamos resolvidos a destruir Hitler e cada vestígio do regime nazista. Disso nada poderá nos afastar. Nada! Nós nunca vamos debater isso. Nós nunca iremos negociar com Hitler ou qualquer um da sua gangue. Nós combateremos por terra. Nós combateremos pelo mar. Nós combateremos pelo ar. Até que, com a ajuda de Deus, limparemos a Terra dos vestígios da sua sombra.

Observe que não havia certeza na vitória britânica quando Churchill fez essa declaração. A única certeza era pela declaração verbal do primeiro-ministro. E ela foi feita quando os nazistas estavam avançando sem dificuldade alguma, dominando nação após nação em toda a Europa. Diante do cenário, qual era a sequência natural dos fatos? A Inglaterra deveria submeter-se e fazer um acordo com o regime de Hitler ou, mais cedo ou mais tarde, seria invadida e, quem sabe, dominada. E como Churchill quebrou essa sequência? Por meio da força da palavra falada. Ele afirmou que a Inglaterra jamais se renderia aos desejos de Hitler. Esse foi o ponto de partida da vitória que se seguiu.

Acho que suspeitamos naturalmente desse tipo de filosofia. O mundo em que vivemos é cético a conceitos assim. Soa muito a autoajuda. Mas observe um ponto muito importante: esse tipo de declaração não tem nada a ver com pensamento positivo ou com o tipo de fantasias que vimos no capítulo anterior. A diferença está na ação, no comprometimento com a transformação da realidade. Churchill, com receio de que suas afirmações positivas afastassem dados desmotivadores, criou logo no início da guerra um departamento separado, de sua confiança, que denominou Departamento de Estatística. O objetivo desse departamento era fornecer, de forma constante e atualizada, dados reais do andamento da guerra. Churchill tinha necessidade de saber os fatos, por mais duros que fossem, para agir sobre eles. "Não tenho necessidade de partilhar sonhos. Fatos são melhores do que sonhos", ele disse, com toda a frieza peculiar dos atrevidos. Mesmo assim, enquanto recebia dados de que Hitler estava invadindo quase toda a Europa, ele não se acanhou, e continuou a declarar seu objetivo de forma clara e incisiva:

> Vocês perguntam: Qual é o nosso objetivo? Eu posso responder em uma palavra: Vitória! Vitória a qualquer custo! Vitória, apesar de todo o terror! Vitória, por mais longo e difícil que seja o caminho. Pois sem vitória não haverá sobrevivência.

Perceba a fórmula de Churchill: ele encara a dura realidade dos fatos, mas não se deixa influenciar por ela, pelo contrário, declara seu desejo irrevogável de criar uma possibilidade e solidifica essa declaração com ações concretas, como construir alianças com os Estados Unidos e, mesmo odiando o comunismo, com a Rússia. Por meio de uma declaração, Churchill inspirou o povo britânico e o mundo a resistir a Hitler e, por fim, a vencer a guerra, mudando o rumo da história. Acanhados não fazem isso. É preciso ser um atrevido para professar em voz alta aquilo que você vai conquistar no seu futuro. Mas, e por que isso é tão importante?

4

Imagine que você seja um corretor de seguros em Nova York. Seu trabalho é ir todos os dias até o aeroporto internacional JFK e oferecer apólices de seguro para passageiros que estejam viajando para lugares com grandes riscos de ocorrer um ataque terrorista. Você tem dois tipos de apólices. As duas custam 100 dólares e ambas protegem o passageiro com um seguro de 1 milhão. A única diferença é que a primeira pagará esse valor para a família do passageiro caso algo aconteça e ele tragicamente morra durante a viagem, e a segunda somente indenizará sua família no caso específico de ele ser morto por um ataque terrorista. Qual das duas apólices você acha que venderia mais?

Analisando as duas ofertas, parece bastante óbvio que não há lógica em alguém preferir a segunda apólice. Temos três razões para isso. Primeiro, porque ela custa o mesmo que a outra. Segundo, porque a indenização também é a mesma. Por último, porque ela apenas indenizará a morte do passageiro no caso específico de ele morrer num ataque terrorista, enquanto a primeira indenizará qualquer caso de morte — inclusive um ataque terrorista. Mas será que os passageiros realmente escolheriam a primeira?

Os psicólogos Amos Tversky e Daniel Kahneman realizaram inúmeras experiências similares a essa em vários aeroportos e outros locais dos Estados Unidos. E o que eles descobriram pode parecer difícil de acreditar. Ao contrário do que se poderia esperar, em praticamente todos os casos as pessoas estavam dispostas a comprar apólices que as segurassem em relação a algo específico — como morrer num ataque terrorista. Elas geralmente demonstravam pouco interesse por algo mais vago, como morrer durante a viagem — o que, obviamente, inclui um ataque terrorista. Em outro estudo, quando eles, por exemplo, ofereceram apólices para proprietários de imóveis na Califórnia — uma região com grande incidência de terremotos —, constataram que essas pessoas estavam dispostas a pagar mais por um seguro que protegesse seus bens em caso de acontecer um terremoto que por outro que protegesse os mesmos bens em caso de qualquer catástrofe — que inclui um terremoto.

Como essa falha de lógica se explica? Nossa mente funciona melhor quando temos uma âncora, um ponto de referência a partir do qual podemos visualizar nosso futuro. Se você perguntar se eu quero *proteger* meus *imóveis*, meu cérebro assimilará as palavras *proteger* e *imóveis*, mas não conseguirá criar uma conexão entre as duas palavras. Não há um porquê claro e definido. A pergunta implícita será: proteger? Proteger do quê? Como não há perigo associado à proteção, a resposta mais provável será: agora não!

Se você associar a palavra *catástrofe* a sua pergunta, é bem provável que o cérebro levante uma bandeira amarela. Sabemos que catástrofes acontecem de vez em quando. Mas se eu não tiver a imagem de uma catástrofe na minha mente, certamente, depois de um breve momento de alerta, abandonarei a ideia. Entretanto, se você mencionar a palavra *terremoto* — uma coisa frequente e muitas vezes devastadora para quem mora na Califórnia —, meu pensamento se apega a essa palavra, tornando-a uma âncora. E, com isso, sentirei uma necessidade muito maior de agir.

Isso não funciona somente quando pensamos em comprar algo, mas em incontáveis outras situações. Se eu lhe der trinta segundos para descrever qualquer coisa que venha à sua mente que tenha cor branca, por exemplo, você obviamente se lembrará de uma lista de coisas. Mas, se em seguida, eu lhe pedir para descrever, também em trinta segundos, todas as coisas de cor branca que estão dentro da sua geladeira, certamente sua lista será maior. Como pode? Afinal, há muito mais coisas brancas fora da sua geladeira do que dentro dela. Não é estranho isso? O mesmo ocorre se alguém lhe pedir para pensar sobre o futuro. Pensar sobre o futuro é complicado. O prazo é muito amplo, complexo e abstrato. Mas, se eu criar um limite e pedir para você pensar no futuro da sua carreira profissional, você começará a vislumbrar coisas práticas com uma velocidade muito maior.

Nos últimos anos, cada vez mais, estudos provam que somos inclinados a não dar importância a coisas abstratas, vagas e imprecisas. O que nos atrai é o específico, o determinado. Isso revela uma dimensão frágil da nossa personalidade: sonhos vagos, desejos abstratos, metas imprecisas não nos motivam. Dizer que você quer ganhar dinheiro, ter uma boa vida ou ser feliz é quase inútil. Todo mundo quer isso. Você precisa ser específico. Precisa definir, especificar, determinar o que quer.

Vimos o mesmo fenômeno em todas as histórias ao longo deste livro. Nando Parrado nas montanhas: "Nós precisamos encontrar uma saída"; Philippe Petit sobre o World Trade Center: "Estenderei um cabo de aço de uma torre a outra e andarei sobre ela de um lado ao outro!"; Amadeo Giannini diante da destruição causada pelo terremoto: "Nós vamos reconstruir San Francisco"; Darwin Smith diante do câncer: "Não estou morto e não pretendo morrer tão cedo!", e assim por diante.

Veja que todos eles desafiaram o próprio destino. A forma normal de pensar criaria determinada sequência de fatos. Mas, através de uma declaração, eles quebraram essa sequência, traçando um caminho novo, próprio. Em outras palavras, eles desafiaram o senso comum que os rondava, e criando especificidade mudaram sua vida, deixando sua marca no universo. Pense, por exemplo, o que a maioria de nós faria se, como Darwin Smith, fosse diagnosticada com uma doença que nos daria menos de um ano de vida.

Por pior que as circunstâncias de nosso passado tenham sido, temos um controle inquestionável sobre o estado de espírito do presente. Pessoas como Darwin Smith e Winston Churchill exercem esse controle irrevogavelmente. Como vimos no capítulo anterior, embora seja impossível alterar os fatos do passado, podemos alterar a percepção que mantemos desses fatos no presente. Em outras palavras, convicções são padrões mentais que criamos. Portanto, podemos moldá-los e ajustá-los ao padrão da nossa escolha. E a forma de fazer isso é através de uma declaração. Ela confere um poder criativo aos impulsos do pensamento. A pergunta é: como lidar com a dura realidade dos fatos de hoje?

5

Aos 21 anos, quando ainda era estudante de física, Stephen Hawking foi diagnosticado com uma rara distrofia neuromuscular degenerativa que, ao longo dos anos, o deixou completamente paralisado. Mesmo assim, dentro das limitações que a doença lhe impôs, ele levou uma vida completamente normal e alegre. Casou, teve filhos e, além disso, se tornou um dos maiores físicos da atualidade. Depois que li seu livro *O universo numa casca de noz*, passei a acompanhar seus trabalhos com muita curiosidade. E havia uma pergunta que não me abandonava: como Hawking superou sua condição para enfrentar a vida com tamanha naturalidade?

Em 2004, o *New York Times* publicou uma entrevista com Hawking. No decorrer da conversa, a repórter perguntou como ele conseguia, apesar da doença, manter seu espírito elevado. "Minha expectativa de vida foi reduzida a zero quando eu tinha 21 anos. Depois disso, tudo é bônus", ele respondeu.

Ainda me lembro do dia que li essa entrevista. Estava no café Le Pain Quotidien, na Park Avenue, em Nova York. Recordo que olhei para um pequeno quadro na parede e pensei: que belo exemplo sobre como viver a vida. "Como se cada dia fosse um bônus", falei baixinho. Ainda hoje, essa é uma filosofia que carrego em mim. E o que há de tão fascinante nessa resposta de Hawking? No capítulo 3, vimos que todo sofrimento, frustração ou insatisfação é uma resistência em relação ao presente ou ao passado — um estado de não aceitação do que é. Escrevi que quando não aceitamos nossa situação atual agimos como se fôssemos vítimas de alguma injustiça. Obviamente, isso cria ansiedade, angústia e, no entanto, sofrimento. E o fascinante na lição de Hawking — viver todo dia como se fosse um bônus — está no fato de ela nos libertar de qualquer resistência e, portanto, de qualquer sofrimento.

Acho que você concordaria comigo em que isso é uma dessas coisas fáceis e bonitas de dizer, mas difíceis de fazer. Mas na realidade não é. Se nos dedicarmos à tarefa de entender o que pessoas como Hawking fazem para viver assim, vamos descobrir um processo muito simples. E ele pode ser condensado em três etapas muito práticas e fáceis de seguir. A primeira, como você já pode imaginar, é aceitar as coisas como elas são. Essas pessoas, de algum modo, encontram uma maneira de aceitar a realidade e se manter em paz. Em seguida, elas declaram o que desejam da vida. Esse é o segundo passo. E por fim, como terceiro passo, agem para adequar a realidade àquilo que elas desejam. Todos os atrevidos, consciente ou inconscientemente, fazem isso. Esse é, em parte, um fator que os torna atrevidos.

Com muita frequência, queremos nos libertar dos problemas porque acreditamos que, depois disso, seremos felizes. Achamos que quando isso ou aquilo acontecer, ficaremos em paz. Parece que não podemos estar bem enquanto nossa situação não mudar. Mas experiências mostram que é preciso inverter esse processo e aprender a permanecer em paz mesmo durante as dificuldades. Pode parecer contraditório, mas, em termos psicológicos, paz e tranquilidade não são o oposto de turbulência. Você pode estar em meio à turbulência e em completa paz.

Foi exatamente isso que Churchill fez no período da Segunda Guerra. Darwin Smith, quando diagnosticado com câncer. Nando Parado, ao liderar a expedição nos Andes. E, claro, Stephen Hawking diante da sua condição degenerativa. É importante perceber que quando uma situação nos afeta emocionalmente é porque ela se tornou parte de quem somos. A partir de então, em vez de *termos* um problema, nos *tornamos* o problema. E, por algum estranho motivo, passamos a nos relacionar mentalmente com ele sem uma intenção clara de resolvê-lo. O foco passa a ser outro. Queremos, ao contrário, provar para todos que nosso problema realmente é insuportável e que não temos mais saídas.

A partir de então, esse problema se torna uma espécie de sentido que adotamos para nossa vida. De uma ou de outra forma, passamos a carregá-lo para onde formos, a falar sobre ele para quem encontrarmos, a reafirmá-lo sempre que pudermos, a criar argumentos racionais para justificá-lo e provar sua autenticidade. Em outras palavras, quando nos identificamos com uma situação, não há espaço para refletir sobre ela. Não há lugar para prováveis soluções. Todas as coisas são distorcidas e ampliadas. Essa identificação com o problema impede qualquer tentativa de solução. E qual é, então, a diferença entre a identificação com o problema e aceitar a realidade como ela é?

6

Em *Fédon*, Platão conta que, numa tarde de verão em que fazia extremo calor, Sócrates, perambulando nos arredores de Atenas, viu um enorme carvalho a distância e buscou abrigo à sua sombra. Quando chegou ao local, encontrou uma fonte. Refrescou as mãos e o rosto com a água fria e repousou na sombra. Nas palavras de Platão, Sócrates encontrou ali a perfeita harmonia e consonância entre si e o que o circundava. Não havia nada mais a desejar para aquele instante.

Qual a lição que temos aqui? A forma como Sócrates concebeu aquele momento busca dar sentido às coisas. Com isso, nos ensina a viver cada momento com o máximo de presença. Explorar cada instante ao extremo. Não importa se esse instante seja de sucesso ou frustração, alegria ou tristeza, paz ou turbulência, ele nos instiga a aceitá-lo, observá-lo, analisá-lo e a interagir de maneira receptiva com ele. E, dessa forma, aprender o máximo de cada momento.

O primeiro passo do atrevido, então, é aceitar plenamente a situação atual, sentir-se bem e em paz com ela, seja essa situação o que for. Em seguida, a partir dessa consciência de bem-estar, de aceitação, ele declara o que deseja e, por último, parte para a ação. Mas aceitar a situação não é o mesmo que resignar-se a ela? De jeito nenhum. E qual é a diferença? Quando aceita a realidade, você reconhece sua situação. Quando se resigna, você se torna sua situação. Nesse sentido, quando você reconhece que *tem* um problema, consegue agir sobre ele. Mas quando você tem a sensação de que você é o problema, pouco pode ser feito.

Darwin Smith, por exemplo, aceitou o diagnóstico médico, mas não se resignou a ele. Ao contrário, aceitou-o e depois agiu para transformá-lo. Foi assim que encontrou a cura da sua doença. Essa é a sabedoria simples, mas profunda, escondida na aceitação. Em outras palavras, você aceita a realidade como ela é, e a seguir toma uma atitude e faz tudo o que for possível para mudá-la conforme o seu desejo. Isso tudo significa que a diferença entre aceitar a realidade ou resignar-se a ela está, em grande parte, na ação.

Se você odeia seu trabalho, por exemplo, o ideal não é traçar um objetivo para encontrar outro trabalho a partir do ponto de resistência ao seu atual. O correto seria primeiro fazer as pazes com a situação e depois traçar a meta de encontrar um novo trabalho. E o ponto de partida desse processo é a declaração. Num certo sentido, ela representa o ponto de ruptura entre a vontade de querer alguma coisa e o comprometimento de agir para obtê-la. Você pode ter vontade de mudar, mas não tomar nenhum tipo de ação para mudar. Contudo, não há como se comprometer sem agir. E a declaração é um comprometimento.

Saber o que se quer, e se comprometer com isso, é meio caminho andado para a realização. Põe a pessoa em foco. Mostra segurança e faz com que elevemos nossa cabeça. Com isso, nos separa da multidão. Nos torna atrevido. E a pessoa atrevida, que mostra segurança no seu propósito, em geral consegue mais crédito do que realmente merece. E com isso terá mais oportunidades do que espera.

Uma declaração positiva é aquela que desperta pensamentos seguros, estimulantes e altamente energéticos. Ela precisa ser forte, segura, clara e refletir exatamente aquilo que queremos. Declarações do tipo "Eu vou fazer isso!" são o início de uma série de ações que levam a pessoa a traduzir seus desejos numa experiência de transformação.

Pessoas como Darwin Smith parecem saber de uma coisa: nada no mundo é absolutamente certo ou garantido. Por isso elas estão dispostas a arriscar, a impor sua decisão sem receios. Essa parece ser, muitas vezes, a única diferença entre aqueles que deixam sua marca no mundo. Em síntese, a razão do sucesso não é o fato de uma pessoa ter mais capacidades ou ideias melhores que as demais, mas a coragem e o atrevimento que algumas pessoas desenvolvem de apostar mais alto na sua capacidade ou nas suas ideias, e com isso se comprometer a assumir riscos e agir com determinação.

CAPÍTULO 7
A IRREFUTÁVEL INFLUÊNCIA DAS RELAÇÕES

> *O isolamento é um perigo para a razão, sem favorecer a virtude.*
>
> **SAMUEL JOHNSON**
> Escritor e pensador inglês

1

Na Califórnia, a menos de uma hora ao sul de San Francisco, existe uma região chamada Vale do Silício. Se a Terra tivesse um cérebro, e se esse cérebro tivesse uma área responsável pelo desenvolvimento tecnológico, ela certamente seria essa região. Milhares de empresas de alta tecnologia, como Apple, Google, ebay, Yahoo, HP, Amazon, Cisco e Adobe Systems, têm endereço ali. Trata-se de uma das áreas com o maior índice de concentração de riqueza do mundo e um dos locais mais caros para se viver. Cerca de quatrocentos bilionários e milhares de milionários moram numa das catorze cidades que integram o Vale.

No outono de 1998, Sergey Brin marcou um encontro com Charlie Ayers, um renomado *chef*. Charlie acabara de completar 32 anos, mas seu currículo era extenso. Com um diploma em culinária da prestigiada Universidade Johnson & Wales, de Rhode Island, ele já havia coordenado a cozinha de inúmeros restaurantes classe A dos Estados Unidos. No encontro, Sergey disse a Charles que tinha uma proposta do que ele queria: que deixasse seu emprego atual e fosse trabalhar com a equipe do Google.

Para Charlie, o convite soou meio estranho. Ele queria saber mais sobre o Google e a proposta. Na época, o Google tinha menos de vinte empregados. Não havia passado ainda um ano desde sua criação e a empresa continuava localizada numa garagem que Sergey e Larry haviam alugado por 1.000 dólares por mês, perto da Universidade Stanford, na Califórnia. Quando Sergey explicou o tamanho da empresa, Charlie riu. "Você precisa de um *chef*, Sergey?", ele perguntou. "Vocês não têm nem cozinha na empresa!"

No final dos anos 1990, a credibilidade das *startups* do Vale do Silício caiu muito. Na época, houve uma crise no setor de informática. Muitas empresas promissoras semelhantes ao Google quebraram. Outras foram compradas ou mesmo absorvidas por empresas maiores. Tudo isso causou grandes prejuízos para empresas e pessoas que investiram no setor. E para Charlie a oferta não ficou clara. Para que uma empresa assim precisava de um *chef*? Mas Sergey insistiu: "O Google será uma empresa diferenciada. Vamos precisar do seu trabalho".

A ideia era montar um refeitório com comida saborosa, saudável e gratuita para todos os empregados. Criar um ambiente onde os membros da equipe poderiam tomar café, almoçar, fazer um lanche e jantar. Eles queriam um local onde os membros da equipe pudessem estender discussões e conversas sobre o trabalho, mas também tivessem a oportunidade de conviver e se conhecer melhor. O papel de Charlie seria criar esse ambiente.

Charlie prometeu pensar sobre a proposta. Mas achava essa ideia de oferecer refeições gratuitas para os empregados uma prova de que Sergey e Larry estavam sonhando alto demais e indo na direção errada.

Oito meses depois, ele soube que a ideia ainda estava viva. Através de um anúncio, descobriu que o Google continuava procurando um *chef*. A essa altura, a reputação da empresa já havia crescido muito. A equipe já tinha mais de cinquenta empregados, todos selecionados a dedo por Sergey e Larry. A fama era de que a escolha na seleção de pessoal era uma das mais rigorosas de todo o Vale do Silício. Somente para o cargo de *chef*, a dupla já havia entrevistado 25 candidatos. E todos haviam sido dispensados.

Charlie decidiu falar com Sergey. Soube que a orientação continuava a mesma: eles queriam comida saudável, saborosa e gratuita, a qualquer hora do dia, para todos os empregados. Após uma longa conversa com os fundadores, que lhe ofereceram uma proposta irrecusável — e que o deixou milionário cinco anos depois —, Charlie aceitou a proposta. No dia 17 de novembro de 1999, se tornou o empregado número 53 do Google.

Por que Sergey e Larry tinham essa obsessão pelo refeitório?

2

Para quem gosta de história não é difícil perceber que alguns lugares, num curto período de tempo, produziram um número incomum de gênios. Atenas, entre 440 a.C. e 380 a.C., Florença, de 1440 a 1490, e Londres, de 1570 a 1640, são alguns exemplos. Se eu fosse seu professor de história e lhe pedisse para fazer um levantamento de todas as grandes figuras que nasceram em Florença, num curto período de apenas cinquenta anos — de 1440 a 1490 —, você descobriria uma lista espantosa de músicos, filósofos, pintores, escultores e arquitetos. Encontraria nomes como Masaccio, Paolo Uccello, Filippino Lippi, Domenico Ghirlandaio, Giotto, Leonardo da Vinci, Botticelli, Lorenzo Ghiberti, Filippo Brunelleschi, Maquiavel e Michelangelo, entre dezenas de outros que nos impressionam até hoje. E tem algo ainda mais impressionante: Florença, na época, tinha menos de 100 mil habitantes.

E se em vez de Florença eu lhe pedisse para fazer um levantamento das grandes figuras que sua cidade produziu nas últimas cinco décadas, quantos nomes você encontraria? Na verdade, bem poucos. Que razões, então, fizeram aflorar a genialidade de tantas pessoas em Florença durante esse período?

Os livros de história apontam inúmeras e diferentes causas: transição do feudalismo para o capitalismo, a invenção da imprensa e o aumento da riqueza, que criou mais estabilidade e liberdade. Mas essa explicação não faz muito sentido. Esses fatores, de modo geral, podem ser encontrados na cidade em que você mora, e mesmo assim não fazem aflorar a genialidade das pessoas. Fatores como o contexto histórico podem sugerir certa influência, mas se quisermos entender como essas sociedades tiveram essa explosão do potencial humano eles não são suficientes. É preciso ir mais longe.

Ao longo deste livro, combati a ideia de que sucesso e riqueza são o resultado do meio em que vivemos. Afirmei que quanto mais buscamos uma causa em fatores externos para compreender esses fenômenos mais caímos na armadilha da justificativa. O momento econômico e cultural pode ser um meio que interaja com elas e facilite a exploração de seu potencial. A nós interessa saber como essa interação acontece.

Michelangelo, ao lado de Leonardo da Vinci, é um dos maiores expoentes da Renascença. Em que ano ele nasceu? Em

A IRREFUTÁVEL INFLUÊNCIA DAS RELAÇÕES

1475. Seu pai, Lodovico Buonarroti Simoni, era um administrador público que descendia de uma família nobre. Com seis anos, Michelangelo perdeu a mãe e foi entregue para um casal amigo da família. Mesmo com apenas 6 anos de idade, ele passou longas horas, todos os dias, ajudando o pai adotivo no trabalho. E qual era a profissão dele? Cortador de mármore. Anos depois, contra a vontade, ele abandonou essa tarefa e foi para a escola. Mas não teve sucesso. Michelangelo achava as aulas enfadonhas e cansativas. Enquanto os professores explicavam o conteúdo, ele enchia seus cadernos com desenhos.

Anos depois, ainda adolescente, por volta dos 13 anos, ele passou a frequentar o ateliê de Domenico Ghirlandaio, um pintor já famoso. Ali, ajudava a preparar a tinta, limpar os pincéis, fazia desenhos e pintava afrescos numa igreja de Florença. Um ano depois, sem paciência com o ritmo lento de Ghirlandaio, trocou o ateliê pela escola de escultura nos jardins de São Marcos. Ali, logo se tornou discípulo de Bertoldo, um grande escultor que trabalhava para Lourenço de Médici, patriarca da família mais poderosa e influente daquela parte da Itália. Junto à família Médici, encontrou uma atmosfera que evocava a magnificência da Grécia Antiga. A filosofia de Platão e seu ideal de beleza baseado no equilíbrio das formas influenciaram fortemente sua arte.

Dessa perspectiva, já temos algumas pistas sobre prováveis fatores que deram origem à genialidade de Michelangelo. Quais? Primeiro, parece claro que ele tinha talento para a escultura e a pintura. Sabemos disso a partir dos desenhos que lhe roubavam a atenção na escola. Segundo, parece que houve uma interação perfeita entre seus desejos pessoais — desenvolver o talento da escultura e da pintura — e o ambiente, que dava a oportunidade para que esse talento fosse desenvolvido.

Mesmo assim, tendo talento para pintura e escultura, e a oportunidade de desenvolver esse seu talento desde a infância, sua genialidade não foi reconhecida até concluir a *Pietà*, sua escultura mais famosa. A essa altura, Michelangelo, que aprendeu a manusear o martelo e a talhadeira com seu pai adotivo aos 6 anos, já tinha 24. Ou seja: haviam se passado dezoito anos.

O que isso nos diz? Que Michelangelo não nasceu gênio. Sua genialidade precisou de quase duas décadas de esforço contínuo até florescer. Ao longo desses anos, ele desenvolveu seu talento de forma obsessiva, adquirindo conhecimento, técnica e experiência, como auxiliar de pintores e escultores já consagrados. Esse foco obstinado mais tarde o levou a dizer: "Se as pessoas soubessem como foi duro adquirir minha maestria não me chamariam de gênio".

Agora, o que teria acontecido se ele não tivesse a chance de trabalhar em um ambiente favorável? Será que ele teria se tornado o gênio que conhecemos hoje? É difícil saber. Mas estou certo de que os anos ao lado de grandes mestres fizeram toda a diferença. Aqui está, portanto, a primeira influência irrefutável das nossas relações: aprendemos por imitação. Quanto maiores aqueles que imitamos, maiores serão nossos próprios resultados. Os atrevidos entendem isso e não se acanham de associar-se aos melhores.

Temos certa dificuldade em considerar a genialidade resultado da combinação de elementos simples — como talento e um ambiente favorável para desenvolvê-lo. Parece que essa é uma explicação óbvia para entender desempenhos tão extraordinários como o de Michelangelo. O mundo em que vivemos presume que é preciso haver algo a mais por detrás da genialidade. Mas, se pensarmos bem, não precisamos voltar à Idade Média para buscar exemplos que confirmem o que estou dizendo. Elas estão por toda parte. A seguir, vamos analisar um deles.

3

Tente voltar no tempo e imagine Steve Jobs, ainda vivo, num dia normal de trabalho. Visualize-o em seu laboratório, na sede da Apple, em Cupertino, Califórnia. Que imagem você tem do seu ambiente de trabalho? Ao longo de 2010, fiz essa pergunta para várias pessoas. Primeiro, para um grupo de cinquenta amigos próximos. Depois, para cerca de cem alunos do Warren County Community College, no interior de Nova Jersey. As respostas foram intrigantes. Quase 85% dos entrevistados disseram que viam Jobs num laboratório muito limpo e bem iluminado. Mesas de vidro, paredes brancas, rodeado por equipamentos modernos. Elas também disseram acreditar que ele preferia trabalhar absolutamente isolado. Que precisava de concentração e raras vezes compartilhava seu conhecimento com a equipe.

O que isso significa? Muitas vezes, a ideia irrefletida que temos em relação às pessoas que deixam sua marca no mundo, de certa forma, é a ideia do gênio isolado. Uma pessoa com superpoderes que se isola de tudo e de todos, desenvolve projetos e cria inovações que, além dele, ninguém mais consegue nem mesmo compreender. Mas será que é assim? A imagem que criamos do gênio isolado, semidivino, na realidade existe?

Steve Jobs pode ser considerado uma espécie de Michelangelo dos nossos tempos. Ao longo de sua vida, embora nunca tenha concluído um curso superior, transformou inúmeros mercados. Considerado um ícone da cultura popular, foi eleito pela revista *Fortune* a pessoa mais inteligente do setor tecnológico de sua época. Atribuímos a ele invenções como o computador pessoal — que revolucionou o mundo tecnológico —; a Pixar — que transformou o desenho animado —; o iPod — que redefiniu a indústria musical —; o iPhone — que mudou as telecomunicações —; e o iPad — que obrigou outros fabricantes de computadores a repensarem seus projetos.

E de onde surgiu esse Michelangelo moderno? A história é bem conhecida. Jobs nasceu em San Francisco, Califórnia, mas cresceu em Mountain View — epicentro do Vale do Silício. Filho de uma gravidez não planejada e indesejada, foi entregue para adoção semanas depois de seu nascimento. Para adotá-lo, o casal teve que assumir o compromisso de que pagaria um curso superior para ele. Ironicamente, mais tarde, em vez de frequentar as aulas da faculdade, ele preferia assistir às palestras dos cientistas, engenheiros e funcionários da Hewlett-Packard, habitualmente conhecida como HP. Nelas se discutiam os avanços tecnológicos mais recentes. E Jobs fazia qualquer coisa para participar. Não raras vezes, no final das palestras ficava horas, até tarde da noite, ouvindo as conversas entre cientistas e engenheiros.

Durante o verão, conseguiu um emprego temporário na HP. Mesmo trabalhando na linha de montagem, ficou tão encantado que passou a sonhar em projetar seu próprio computador. Isso aconteceria nos anos seguintes.

Em 1976, quando tinha 21 anos, ele e Steve Wozniak criaram a Apple. Juntos, revolucionaram o computador pessoal e tornaram a Apple um ícone tecnológico. Em 1985, entrou em conflito com o CEO que ele mesmo havia contratado e, numa reunião do conselho, foi afastado de suas atividades. Quando retornou, doze anos depois, a empresa estava perto da falência. Nos seus primeiros anos, por exemplo, a Apple vendia 14,6% de todos os computadores pessoais nos Estados Unidos. Em 1997, quando Jobs retornou, esse percentual havia caído para 3,5%. Pouco mais de uma década depois de seu retorno, outra vez era a empresa de tecnologia mais valiosa do mundo.

Em 1986, quando saiu da Apple, comprou uma empresa de computação gráfica chamada Lucasfilm. Ela pertencia ao cineasta George Lucas. Edwin Catmull cuidava da divisão de computação gráfica. Jobs pagou 5 milhões de dólares pela companhia e investiu mais 5 milhões na sua reestruturação. Nos anos seguintes, transformou-a numa produtora de filmes animados e a batizou com o nome Pixar. No início, a Pixar fazia filmes de curta-metragem para testar novas tecnologias do setor. Jobs contratou John Lasseter, que trabalhava para a Disney.

Aos poucos, a Pixar começou a ganhar impulso. Em 1991, Jobs firmou uma parceria com a Disney para três longas-metragens com computação gráfica. A Pixar criaria os filmes, e a Disney financiaria e distribuiria os projetos. Em 1995, a Pixar e a Disney lançaram o primeiro longa da série *Toy Story*. O filme foi um tremendo sucesso de bilheteria: faturou 192 milhões de dólares no mercado americano e 362 milhões em todo o mundo. Desde então, a Pixar revolucionou o cinema com produções como a série *Toy Story*, *Vida de inseto*, *Monstros S/A*, *Procurando Nemo*, *Os Incríveis* e *Carros*, entre outros.

De quem foi a ideia que Jobs transformou na Pixar? De George Lucas. Quem foram os responsáveis pela tecnologia da Pixar? Edwin Catmull e John Lasseter. Qual foi a participação de Jobs no processo? Ele foi o maestro. Simplesmente pegou um conjunto de pessoas isoladas, mas que dependiam umas das outras, e as colocou em ordem, como se estivesse montando um grande quebra-cabeça.

O mesmo aconteceu na Apple quando ele reassumiu o comando. Logo após seu retorno, o grande sucesso que colocou a empresa de volta na liderança no setor de eletrônicos foi o iPod, lançado em setembro de 2001. Meio ano depois, o eletrônico já havia vendido 10 milhões de unidades. De quem foi a ideia que Jobs transformou no iPod? De Tony Fadell, um fornecedor independente e especialista em *hardware*. Fadell procurou a Apple para discutir o projeto de um tocador de MP3, e Jobs abraçou a ideia. Contratou Fadell e juntos desenvolveram o projeto que resultou no iPod. Foi Jobs quem, por exemplo, teve a ideia do iPhone, mas foi Jonathan Ive, designer da Apple, quem o desenvolveu. Jonathan também teve participação fundamental em outras invenções associadas a Jobs, como o iPod e o iPad.

Aonde chegamos com esses exemplos? Primeiro, eles mostram a semelhança entre Michelangelo e Steve Jobs. Os dois cresceram num ambiente favorável para o desenvolvimento de seu potencial.

Segundo, mostram que as grandes invenções tecnológicas e inovações científicas e culturais são, na verdade, descobertas de equipe. Thomas Edison, por exemplo, em seu projeto para desenvolver a lâmpada incandescente, tinha cerca de trinta assistentes, a maioria deles cientistas renomados, que trabalhavam catorze a dezesseis horas por dia, seis ou sete dias por semana, durante anos.

Outro exemplo é *A origem das espécies*, de Charles Darwin. A obra exigiu décadas de trabalho de campo e envolveu dezenas de pessoas ao longo de quase vinte anos. Nos anos finais, Darwin reunia essas pessoas centenas de vezes. Nesses encontros, aconteciam discussões exaustivas, nas quais faziam análises conjuntas das teorias elaboradas em inúmeros rascunhos. Mesmo construída sobre teorias já anteriormente elaboradas, a obra exigiu de Darwin e sua equipe uma vida inteira de dedicação.

Essa é a segunda influência irrefutável das nossas relações. As grandes invenções são sempre o resultado de redes de pessoas trabalhando em colaboração, em diferentes estágios, durante anos. Os atrevidos entendem isso. Pessoas como Jobs, Edison e o próprio Darwin são muito mais maestros que conduzem as experiências que levam a descobertas e à criação de coisas grandiosas do que descobridores em si. Todos eles com certeza têm potencial extraordinário, mas sem o apoio de dezenas de profissionais suas descobertas não seriam as mesmas.

4

Imagine que você tivesse nascido num ambiente cultural que não conhecesse limites, ou que, pelo menos, tivesse descoberto que os limites que impedem o desenvolvimento de seu potencial são falsos, um ambiente que não distinguisse a genialidade como um dom que Deus dá para poucos, escolhidos a dedo. Nesse ambiente teria uma enorme liberdade de fazer o que quisesse, sem que ninguém lhe impusesse um sistema de ensino para amarrá-lo por toda a sua adolescência.

Suponha que, se gostasse de filosofia, por exemplo, pudesse ir todos os dias até a praça para ouvir Sócrates debater com poetas, sofistas e políticos. Se gostasse de pintura, pudesse passar a maior parte da sua infância e adolescência num ateliê com um grande mestre, ajudando-o, observando-o por anos seguidos. Se gostasse de tecnologia, pudesse frequentar um ambiente onde pessoas com grande conhecimento debatessem as ideias mais recentes. Que tipo de resultados você poderia esperar do seu futuro?

Foi exatamente isso que aconteceu nesses períodos históricos em que a genialidade se manifestou de forma tão intensa. Em Florença, por exemplo, grandes mestres, como pintores, escultores e arquitetos, procuravam ajudantes. Quem mostrasse talento para determinada atividade tinha a oportunidade de trabalhar com eles. A paixão pela atividade que exerciam fazia com que essas pessoas passassem de catorze a dezesseis horas praticando, servindo e auxiliando o mestre. Durante esse período, a única preocupação desses aprendizes era praticar e aprender.

Seria um engano, porém, pensar que essas pessoas nascem no ambiente adequado, que todas as redes de conexões se formam por coincidência. A história delas nos revela algo diferente: elas foram impelidas por uma força interna na direção de pessoas com interesses semelhantes. Veja Jobs, por exemplo. Ele não tinha muito interesse nas aulas da faculdade, mas era atrevido a ponto de se infiltrar, mesmo sem ser convidado, nas palestras das empresas. Uma pessoa acanhada não faria isso.

Uma de suas biografias, *Milionário por acaso*, escrita por Lee Butcher, diz que Jobs "agarrava os engenheiros da Hewlett-Packard pelo colarinho para extrair informações adicionais". Detalhe: Jobs, na época, tinha menos de 20 anos. A mesma biografia diz que, certa vez, ele procurou Bill Hewlett, um dos fundadores e donos da poderosa HP, e lhe pediu peças de computador. Você tem ideia do atrevimento? E qual foi a reação de Bill? Ele deu as peças que Jobs lhe pediu. Não é difícil perceber a relação que se criou entre os dois. E de onde vem essa relação? Do interesse comum que ambos tinham.

Nossa primeira conclusão, então, é que os atrevidos têm o poder de atrair em torno de si pessoas com interesses e objetivos iguais. Olhando deste ponto, acredito que podemos dizer que o tipo de vínculo que se estabelece entre elas tem a mesma origem que une os casais: a paixão. A paixão de Steve Jobs, por exemplo, era a mesma de Bill Hewlett e dos engenheiros da HP. Em outras palavras, geralmente atraímos a nossa volta pessoas que possuem a mesma paixão que nós. Quanto maior a paixão, maior a atração.

Existe, porém, um segundo fator em jogo. Você já conheceu alguém que se apaixonou loucamente por outra pessoa, mas não teve coragem de se declarar? Nesse caso, existe a paixão.

Mas também existe uma segunda força que anula a ação natural da primeira. Que força é essa? O que impede essa pessoa de declarar seu sentimento? A resposta é conhecida: o medo da rejeição. E de onde vem esse medo? Ele sempre é o resultado de uma ideia central negativa. Ela tem a percepção de que é inferior à pessoa pela qual está apaixonada. Essa percepção cria o acanhamento, impedindo-a de agir apesar do impulso de sua paixão.

Por outro lado, veja, por exemplo, a atitude de Steve Jobs — um rapaz de 20 anos com coragem para se infiltrar nas palestras da HP e, no final, ficar horas interrogando palestrantes e engenheiros. Isso parece incrível. E de onde vem esse tipo de atrevimento? Acredito que qualquer um concordaria que é da compreensão, talvez inconsciente, do tipo de pessoa que acredita ser. Isto é, da ideia central que ele tem sobre si mesmo. Assim como o acanhado é impedido de agir pelo medo da rejeição, o atrevido tem uma força que o impele à ação. E é essa força que o diferencia de muitos de nós.

Você já viu uma pessoa extremamente negativa e outra extremamente positiva andarem juntas o tempo todo? Provavelmente não. Quando isso ocorre, é porque existe uma paixão muito mais forte do que a diferença entre elas. As pessoas não são atraídas apenas por outras com a mesma paixão, mas também por aquelas que têm o mesmo tipo de ideia central. Em outras palavras, as pessoas que você atrai não são determinadas pelo que você quer, mas pelo que você é. Um acanhado tende a conviver com outros acanhados. Um atrevido tende a conviver com outros atrevidos.

Steve Jobs, Michelangelo, Edison e Darwin tiveram, com certeza, um potencial extraordinário. Mas quantas pessoas tiveram o mesmo potencial extraordinário e nunca o desenvolveram? Caso Jobs não tivesse o atrevimento de manter esses contatos com os engenheiros e cientistas da HP, talvez nunca tivesse chegado aonde chegou. Para estabelecer esse tipo de relação, o atrevimento é fundamental. Se, por exemplo, acreditarmos que pessoas de sucesso são pessoas superimportantes, gênios isolados, em vários sentidos superiores a nós, nunca as abordaremos. Situações como as de Jobs se infiltrando nas reuniões da HP não acontecerão conosco, e as portas que se abriram para ele não se abrirão para nós. Genialidade, para se desenvolver, precisa de ambiente adequado, e mais que isso.

Então, qual era a obsessão que levou os criadores do Google a insistir na ideia do refeitório? Se você tem o desejo ardente de tornar seu propósito definido em seu equivalente físico, de ordem material, emocional ou espiritual, precisa buscar a aliança de outras pessoas que têm esse mesmo propósito. Quando o pensamento de duas ou mais pessoas se une em harmonia em torno de um propósito específico, uma terceira força, muito maior que a soma das duas ou mais pessoas que se unem, se forma e passa a conspirar a favor da realização desse propósito.

Essa era a intenção de Sergey e Larry ao criar o refeitório em tempo integral para a equipe Google. Além de impedir hábitos alimentares ruins, o refeitório manteria as pessoas próximas umas das outras. O refeitório era uma espécie de catalisador da seleção natural. Elas poderiam almoçar e ao mesmo tempo compartilhar ideias sobre o trabalho, discutir assuntos pessoais e evitar a influência de problemas externos. Mas também servia para espantar aqueles membros que não compartilhavam a mesma paixão, ou que, por não terem a ideia central adequada, não se sentiam à vontade nesse ambiente. Mas será que foi isso que o refeitório proporcionou?

5

Se juntarmos todas as histórias que vimos até aqui, a que conclusão natural chegaremos? À de que um dos benefícios de viver num mundo feito de relações é que podemos aprender com o exemplo e as experiências dos outros. Não há dúvida de que um dos motivos da nossa supremacia sobre outras espécies é justamente nossa capacidade de dividir e acumular experiências. Cada situação específica vivida por uma única pessoa pode ser usada como conhecimento pelas demais.

Há, porém, um fator estranho nas relações do nosso dia a dia. Raras vezes usamos esse benefício. Na verdade, toda vez que falamos alguma coisa, tentamos fazer com que a outra pessoa pense da forma como nós pensamos. Nossa intenção, mesmo inconsciente, é moldar o pensamento da outra pessoa ao nosso modo de pensar. Em outras palavras, em vez de nos enriquecer com o conhecimento do outro, tentamos mudar seu ponto de vista. Nossa troca de informação, na verdade, não é uma troca, mas uma tentativa de adaptar o pensamento do outro à maneira como nós pensamos.

Você já reparou que uma criança, mesmo sendo alertada cem vezes para não tocar no forno, quando menos esperamos vai lá e toca nele? Por que é tão difícil para ela se convencer de que, quando a alertamos, é porque queremos o melhor para ela? Crianças aprendem com os próprios erros. Elas apenas param de subir a escada depois que caem duas ou três vezes. Nós, adultos, não somos muito diferentes. Assim como as crianças, precisamos sentir o efeito em nós. Temos uma estranha tendência a não dar ouvidos aos nossos sentidos ou às experiências dos outros. Temos uma dificuldade enorme de vê-lo pelas lentes da outra pessoa.

Num estudo recente, três pesquisadores da Universidade de Princeton explicaram a um grupo de alunos três características fundamentais do comportamento humano:

1. Nossa tendência a nos considerarmos melhores que a média.
2. Nossa tendência a associarmos um fato com o outro, mesmo quando não há nenhuma relação entre eles.
3. Nossa tendência a nos julgarmos acima da média em fatores que consideramos positivos e abaixo da média em fatores que consideramos negativos.

Após a explicação, os pesquisadores submeteram os participantes a um teste. A intenção era clara: primeiro, eles queriam ver se, após a explicação dessas tendências, essas características continuariam presentes nos estudantes, e segundo, se eles seriam capazes de reconhecer esse tipo de preconceito em si mesmos.

Por mais estranho que pareça, mesmo tendo compreendido a explicação dos professores, *quando* chegou a hora de aplicar o conhecimento os estudantes continuaram avaliando a si exatamente de acordo com os preconceitos recém-expostos pelos professores. Em outras palavras, a compreensão dessas características não mudou a atitude dos alunos.

Numa segunda etapa desse experimento, quando tiveram que analisar a si e aos outros, os estudantes aplicaram a lição para os outros, mas se excluíram. Os pesquisadores insistiram: agora que vocês têm consciência sobre esses preconceitos, querem mudar o que acabaram de dizer? Mesmo assim, o esforço foi infrutífero. Em várias repetições posteriores desse estudo, o resultado sempre foi o mesmo. As pessoas concordaram com a explicação, mas na hora de colocá-la em prática evitaram aplicá-la em si e a usaram para avaliar apenas o comportamento das outras pessoas.

Por que essa experiência dos pesquisadores de Princeton é tão importante? Por dois fatores específicos que afetam drasticamente nossas relações. Primeiro, ela mostra que, se uma pessoa nos diz alguma coisa, mantemos nossa convicção pessoal porque acreditamos que somos melhores do que ela. E segundo, porque essa experiência dá um exemplo claro de como cada um de nós pensa que o mundo é exatamente da forma como o vemos. Se houver alguma divergência, pensamos que o equívoco, logicamente, é sempre do outro.

Por que pensamos que somos tão exclusivos e especiais? Existem três razões que explicam isso. A primeira é que somos a única pessoa que nos conhece da forma como nós nos conhecemos. Conhecemos nossos pensamentos intimamente, os experimentamos de forma direta a todo momento. Já em relação aos outros, precisamos deduzir o que eles pensam ou sentem. Não temos com eles a relação direta que temos com nosso pensamento. Podemos apenas imaginar, deduzir, acreditar que o outro tenha a mesma experiência que nós nas mesmas circunstâncias. Mas não conseguimos sentir o que eles sentem. A segunda razão é que gostamos de nos sentir únicos. Se você já foi a uma festa e viu alguém vestindo uma roupa igual à sua, sabe do que estou falando. A terceira é que gostamos de pensar que as pessoas são muito diferentes umas das outras, esquecendo de ver que quase todas agem da mesma forma. Nossa atenção tem foco em dois ou três pontos que nos distinguem e ignoramos todo o resto.

Para transformar o produto da nossa imaginação num objeto real e tangível, precisamos, inevitavelmente, da cooperação de outras pessoas. Atraímos essas pessoas por conta de fatores que temos em comum, como a paixão, o propósito e a autoimagem. Pense, então, sobre as pessoas da sua relação.

A criatividade precisa de vínculos, de desafios e estímulos, não de barreiras burocráticas.

Existem três implicações claras.

A primeira é que quando compartilhamos nossos desejos mais intensos, quando deixamos aflorar a vida que vibra por trás das aparências, da insegurança e do medo, descobrimos a simplicidade e a perfeição das quais a vida é feita.

A segunda implicação é que, ao expor nossas ideias e opiniões, desenvolvemos e adquirimos clareza e objetividade, o que aumenta nossa autoconfiança e nos dá credibilidade. Ao falar, explicar, teorizar, compartilhar e defender nossas ideias, passamos a compreendê-las melhor. Ao compreendê-las, ampliamos as possibilidades de aprofundar seu conteúdo e aprimorá-las.

E, por último, nesse contexto desarmamos nossas convicções. Ao nos expor, quebramos a contínua necessidade de estarmos certos. Ao perceber o erro, distinguimos o fato das opiniões sobre esse fato. Sem as opiniões criando uma tela opaca em torno de nós, as pessoas passam a nos entender de verdade, e quanto mais percebermos que as pessoas nos entendem de verdade mais passamos a gostar de nós e, por consequência, delas.

O que geralmente acontece? Exatamente o oposto. Quando vivemos num mundo de convicções rígidas, bloqueamos a possibilidade de dar uma segunda olhada em determinada situação. Mesmo que alguém nos mostre o contrário do que pensamos, não abrimos mão de nossa posição. Agarramo-nos a ela e criamos argumentos para justificá-la eternamente.

A IRREFUTÁVEL INFLUÊNCIA DAS RELAÇÕES

6

O refeitório conhecido como Charlie's Place ficou famoso não só dentro da empresa, mas também em círculos bem maiores. Os comentários diziam que a comida ali era muito melhor que a dos restaurantes caríssimos do Vale do Silício. E não importava se o funcionário era vegetariano, se gostava de comida exótica ou se queria um hambúrguer de frango, tudo que precisava era fazer o pedido e, em poucos minutos, estava pronto com excelência. Ao final do expediente, Charlie estava lá, paciente e atencioso para atender quem quisesse se estender um pouco mais e curtir uma cerveja com os colegas. Tudo de graça.

O Charlie's Place em pouco tempo virou uma instituição indispensável na empresa. Em tese, as condições que esse ambiente criou no Google se assemelhavam muito às descritas por Platão em *O banquete*: um grupo de amigos criativos, unidos pela paixão, pela beleza da arte e da verdade, sob o jugo da comodidade, livres da pressão e angústia de prazos irrevogáveis e da ameaça constante da incapacidade reinando em suas mentes. Mas também simbolizava, em termos modernos, o que se viveu em Atenas ou Florença quando esses lugares eram terreno fértil para a genialidade. "Dava para sentir a energia, o foco na empresa era absoluto. Todos tinham a mesma causa: transformar o Google num sucesso. A conversa era: Cara! Olha o que nós fizemos, e não: Olha o que eu fiz", lembra Charlie.

O Charlie's Place era uma mistura de fantasia e concretude. Ele criava um clima de entusiasmo pela empresa. Fazia aflorar tanto a motivação pessoal quanto a consciência de que se tratava de uma missão coletiva. Nos finais de tarde das sextas-feiras, Sergey, Larry ou Eric Schmidt — diretor-executivo na época —, se juntavam ao grupo para uma rodada de cerveja e petiscos. Algumas vezes falavam sobre os projetos em andamento. Noutras, explicavam a razão de certas decisões e respondiam perguntas. Também apresentavam novos funcionários ao grupo. Para essas ocasiões, Charles decorava uma prancha de surfe com *sushi*, *fondue* de chocolate e outros petiscos com a logomarca do Google. "Havia eletricidade no ar. Todos estavam contagiados pelo mesmo fogo", recorda Charlie.

A influência do Charlie's Place na trajetória do Google talvez nunca seja quantificada em números, mas não há dúvida de que tem relação com os resultados extraordinários da empresa. Sergey e Larry compreenderam a importância de haver um espírito harmonioso em torno do desejo de realizar um propósito mútuo.

CAPÍTULO 8
OS ESPAÇOS EM BRANCO

> *Quero conhecer os pensamentos de Deus...*
> *O resto são pormenores.*
>
> **ALBERT EINSTEIN**
> Físico e teórico alemão

1

Numa fria manhã no outono de 2003, um grupo de jovens da fraternidade Alpha Épsilon Pi — composta por jovens judeus, a maioria estudante de psicologia, história e filosofia — se reuniu numa antiga sala de festas da Universidade Harvard. Um deles era o brasileiro Eduardo Saverin. Ele é alto, tem o nariz um pouco saliente, cabelos e olhos escuros, e sua timidez parece proporcional à altura. Nasceu em São Paulo, em março de 1982. Em 1993, a família se mudou para Miami, nos Estados Unidos. Em 2001, ele foi admitido em Harvard. No outono de 2003, cursava o segundo ano de economia, e, naquela manhã, decidiu conversar com outro jovem da fraternidade: Mark Zuckerberg. Ele não conhecia Mark, mas um fato curioso comentado pelos corredores de Harvard criou um interesse especial por ele. Um ano antes, quando Mark ainda não era aluno de Harvard, a Microsoft lhe fizera uma proposta. Ofereceu 1 milhão para que ele fosse trabalhar para a empresa. Mark recusou a oferta. Para Eduardo, isso era inconcebível. Quem recusaria uma proposta dessa?

Mark tinha dois anos a menos que Eduardo. Era mais baixo, tem o cabelo loiro e os olhos claros. Cursava ciências da computação e, como Saverin, também era tímido. Mas a conversa rolou fácil entre os dois. E uma amizade instantânea nasceu entre eles. Nos dias seguintes, viam-se diariamente. Alguns meses depois, Mark contou a Eduardo que estava criando um *site* — na verdade, uma rede social. Nas próprias palavras de Mark, a rede seria como um grande clube do qual só poderia fazer parte quem fosse convidado por alguém que já era membro. Havia outro detalhe: era restrito aos estudantes de Harvard. Mark já tinha criado praticamente tudo. Mas havia um problema: ele estava sem dinheiro para pagar o servidor. Então, propôs uma parceria a Eduardo: se ele bancasse o investimento inicial, o tornaria sócio.

"Quanto você acha que é preciso?", perguntou Eduardo.

"Creio que 1.000 dólares cobrem tudo, pelo menos no início", respondeu Mark.

Eduardo quase não se conteve. A ideia parecia extraordinária e o investimento, quase insignificante. Com um aperto de mãos disse a Mark que poderia contar com ele.

"Penso em chamar a página de Thefacebook.com", Mark disse, acrescentando em seguida: "Minha proposta para a sociedade é a seguinte: eu fico com 70% e você fica com 30%."

E, assim, a parceria entre Mark e Eduardo estava consolidada. No primeiro dia em que a página foi ao ar, cerca de 1.500 estudantes de Harvard se registraram nela. Algumas semanas depois, alunos de Stanford, Columbia e Yale puderam se inscrever. Em setembro de 2006, pouco menos de dois anos após ir ao ar, a rede social foi aberta para qualquer pessoa acima de 13 anos que tivesse uma conta de e-mail válida. Nos anos seguintes, conquistou e, de certa forma, mudou o mundo.

2

Durante a Primeira Guerra Mundial, o médico e cientista irlandês Alexander Fleming trabalhou para o Exército Real inglês. No desenrolar do conflito, observou o alto índice de soldados que morriam por causa de ferimentos infeccionados. Assim, passou a analisar o método de tratamento de tecidos humanos danificados ou doentes. Descobriu que os antissépticos usados na época, quase sempre, em vez de ajudar, causavam danos ainda maiores. A razão disso, Fleming descobriu, era que eliminavam células do sistema imunológico. A partir dessa constatação, ele criou um objetivo que se tornaria, mais tarde, sua missão de vida: identificar novas substâncias para combater as bactérias sem danificar os tecidos saudáveis ou enfraquecer os mecanismos de autodefesa do corpo humano.

Após anos de pesquisa obstinada para encontrar a substância que procurava, em 1928, ao sair de férias, esqueceu algumas placas com culturas de bactérias em seu laboratório. Quando retornou, viu que uma de suas culturas havia sido contaminada por uma colônia de fungos. Analisou as placas e os corpos invasores e reparou que em volta dos fungos não havia mais bactérias. Era um achado extraordinário. A colônia de fungos que se criou a partir de um fenômeno inesperado havia matado as bactérias. Essa era a substância que ele procurava. Foi a partir dessa observação que estudos posteriores o levaram à descoberta da penicilina.

O que essa história nos faz pensar? Que a descoberta da penicilina foi acidental. Certo? Afinal, Fleming não quis deixar as bactérias a esmo em seu laboratório. Tampouco promoveu o surgimento dos fungos. Mas será que isso foi um acidente? Ou pode haver outra explicação? Imagine, por exemplo, que esse fenômeno, em vez de ter ocorrido no laboratório de Fleming, tivesse acontecido na cozinha da minha ou da sua casa: será que ele também teria levado à descoberta da penicilina? Não é difícil imaginar que não. Certamente, não teríamos dado a mínima importância a isso.

Se não foi acidental, o que diferencia esse tipo de fenômeno de um acidente? A resposta é bem simples. E ela está no fato de que Fleming tinha um objetivo claro sobre o que buscava. Certamente, ele não conhecia os caminhos que o levariam até seu objetivo. Ele estava em busca dessa descoberta, porém não a descobriu propositalmente. Em outras palavras, pode-se dizer que houve uma força fora do seu controle que estranhamente promoveu o encontro entre ele e o que buscava.

Desconfio que alguns leitores, principalmente os mais céticos, estejam se retorcendo na cadeira. Afinal, acho que estou sendo um pouco atrevido. E se você é uma dessas pessoas, e se está um tanto desconfiada, não vejo nada de errado nisso. Também concordo. A ideia de que existiu uma força fora do controle que trouxe até Fleming exatamente o que ele buscava soa estranha. Afinal, como uma força assim poderia saber o que ele buscava? E que força seria essa? Acho que suspeitamos naturalmente desse tipo de ideia. A sabedoria convencional nos leva a desprezar conceitos assim, porque presume que simplesmente não há lógica neles. Acontece que, como veremos a seguir, esse tipo de descoberta é bem mais comum do que poderíamos imaginar.

Durante anos, por exemplo, diversos laboratórios farmacêuticos investiram bilhões na busca de um produto que pudesse curar a impotência sexual masculina. Uma delas era a Pfizer. Ao longo de décadas, os cientistas da companhia se debruçaram incansavelmente sobre o problema. Contudo, quando aconteceu, a descoberta foi imprevista. Como assim? A certa altura, a equipe de cientistas decidiu produzir um medicamento contra hipertensão e angina — dor causada pela insuficiência de sangue nos músculos cardíacos. Um dia, constataram que a sildenafila, a substância que estavam testando, produzia um efeito quase insignificante sobre a angina, mas tinha um estranho efeito colateral: produzia intensas ereções penianas. Foi assim que a tão procurada solução para a impotência se revelou.

Outro exemplo claro foi a descoberta da composição do DNA. Após dedicarem anos a pesquisa profunda, foi um filme — *Escola de sereias* — que sugeriu a Francis Crick e James Watson a hipótese de que a hélice do DNA pudesse ser dupla. Descoberta que lhes rendeu o Nobel de Medicina de 1962.

Acho que você certamente concorda em que essas histórias, como já falei, são um tanto estranhas. Nos dois primeiros casos, a descoberta foi de um medicamento. No segundo, foi de uma teoria científica. Mas em inúmeros outros campos o mesmo processo se repete. Em seu excelente livro *Como escrever bem*, o ex-professor de Yale William Zinsser, por exemplo, escreve:

> Será comum gastar um dia inteiro tentando abrir caminho em meio a um cipoal de palavras em que você parece emaranhado para sempre. A solução frequentemente surgirá na manhã seguinte, quando você se enfiar ali de novo.

Compreender isso, às vezes, não é tão óbvio. Pensamos que foi um lance de sorte, e, por isso, acidental. Mas, como vimos, embora imprevistas, essas descobertas não são, como às vezes somos levados a acreditar, resultados do acaso. Elas são provocadas. E o que acontece com fenômenos empresariais como o Facebook? Será que eles também são resultados desse mesmo processo?

3

Para começar, vamos analisar dois pontos importantes que podem nos ajudar a compreender a origem do sucesso como um todo. O primeiro é que, se você estudar a fundo qualquer descoberta, irá descobrir que houve uma busca incessante — um desejo obsessivo e um foco obstinado envolvidos na busca dessa descoberta. O segundo ponto é que, apesar dessa busca obsessiva, a descoberta parece acidental. Por que temos essa impressão? Porque o objeto da busca não se revela de maneira lógica e linear. Pelo contrário, ele se revela de um modo um tanto místico, ou, pelo menos estranho. Você busca algo intensamente e quando menos espera, no lugar em que menos espera e da forma como menos espera, ele aparece.

Esse fenômeno acontece conosco em situações mais comuns a toda hora. O que nos leva a pensar que essa manifestação é acidental é o fato de ela acontecer num espaço em branco — que são fragmentos de vazio mental que ocorrem durante a busca obsessiva. Quanto maior o espaço em branco, mais chances você terá de perceber a manifestação daquilo que busca.

Em outras palavras, o vazio mental é um espaço onde o foco obstinado rompe o caos e abre uma janela para o infinito. É um momento sem atividade mental — um espaço em branco no caos criado pelo pensamento em sua busca incansável e obsessiva por um objetivo específico. É nesse espaço que o acaso age. O atrevido, mesmo inconscientemente, cria esse caos e, em seguida, mergulha nesse espaço em branco, permitindo que o acaso produza sua obra.

Percebo que costumamos ser cautelosos com esse tipo de ideia. No dia a dia não costumamos pensar no sucesso como o resultado de um acaso criado. Afinal, se é criado, acreditamos que não pode ser acaso. Preferimos, então, simplesmente aceitar que ele é produto da sorte. Mas não é. Em 2005, Steve Jobs, no seu famoso discurso aos formandos da Universidade Stanford, ensinou que a questão principal é acreditar que, em algum momento, os pontos irão se conectar.

> Você não consegue conectar os fatos olhando para a frente. Você só os conecta quando olha para trás. Então tem que acreditar que, de alguma forma, eles vão se conectar no futuro. Você tem que acreditar em alguma coisa – sua garra, destino, vida, carma ou o que quer que seja. Essa maneira de encarar a vida nunca me decepcionou e tem feito toda a diferença para mim.

No caso do Facebook, por exemplo, um desses pontos é o fato simples, mas crítico, que envolve o desejo de Mark. Esse desejo era tão forte que o fez recusar uma proposta milionária da Microsoft. Da mesma forma, Eduardo buscava algo similar. Afinal, foi devido a Mark recusar a proposta da Microsoft que Eduardo se aproximou dele. O que a sabedoria convencional nos diz sobre encontros assim? Que, como a descoberta da penicilina e do Viagra, eles são acidentais. Mas, como vimos, eles não têm nada de acidental. Na verdade, eles são criados deliberadamente. O segundo ponto importante é que, quando se encontraram naquela manhã de outubro de 2003, nenhum dos dois imaginou que, meses depois, estariam juntos num projeto que traria exatamente o que buscavam.

Esses dois pontos tão simples e quase insignificantes têm implicações enormes para a compreensão do sucesso. Eles nos ajudam a compreender que, quando temos um propósito definido e agimos no sentido de realizá-lo, forças que estão além da nossa compreensão passam a agir a nosso favor. São essas forças que criam a sensação de que estamos sendo favorecidos pela sorte.

Mas vamos nos aprofundar um pouco mais nessa história. Sabemos que Mark e Eduardo lançaram o Facebook em fevereiro de 2004. Duas semanas depois, cerca da metade dos 20 mil estudantes de Harvard aderiu à rede. Quatro meses mais tarde, eles expandiram sua abrangência. Alunos de outras quarenta escolas da região agora poderiam abrir contas no Facebook. Nos meses seguintes, abriram a rede para estudantes de outras universidades americanas. O crescimento teve uma explosão. Com isso, surgiram fragilidades. Foi nesse momento que uma terceira força completamente imprevista entrou em jogo e organizou esse caos.

Quem foi essa força? Sean Parker. Cinco anos mais velho que Mark e Eduardo, Sean já tinha um histórico no mundo da internet. Ficou famoso no final dos anos 1990 quando criou o serviço de compartilhamento de músicas Napster, mas estava afastado da empresa. Conhecia os principais investidores no setor e tinha experiência na busca de investimentos. Sean era aquilo de que o Facebook precisava. Foi por influência dele que, meses depois, Mark abandonou Harvard e se mudou para a Califórnia. Enquanto isso, Eduardo dividia seu tempo entre Nova York, onde procurava investidores, e Boston, onde continuou a faculdade.

Voltemos ao primeiro ponto: o desejo. No começo, tanto Mark como Eduardo tinham um desejo intenso. Pois bem, agora, observe um terceiro fato importante: a primeira diferença fundamental entre o desejo de Mark e o de Eduardo. Por um lado, quando Mark percebeu que para atingir seu propósito teria que se mudar para o Vale do Silício, não hesitou. Assim como recusara a proposta milionária da Microsoft anos antes, agora abandonou Harvard e se mudou para a Califórnia. Sentiu que lá era o lugar onde seu projeto encontraria solo fértil para criar raízes. Mark é um autêntico atrevido. Por outro lado, Eduardo, mesmo se empenhando no desenvolvimento do Facebook, decidiu manter os pés firmes em Harvard.

Qual é, a essa altura, a diferença entre Mark e Eduardo? Mark estava tão comprometido com seu propósito que colocou todo o resto em jogo para realizá-lo. Eduardo, ao contrário, não quis apostar todas as suas fichas no Facebook. A ideia de criar uma rede social não parecia ser prioridade. O objetivo aparente era ganhar dinheiro. Quando não temos paixão obsessiva pela atividade que exercemos, quando o desejo não é ardente, amamos deixar uma porta aberta só para o caso de algo não sair a contento. Harvard era a porta dos fundos de Eduardo.

E o que aconteceu? A mesma força que os uniu em torno do propósito inicial provocou a separação quando esse propósito deixou de estar em harmonia. Numa trama idealizada por Sean, Mark fez uma reestruturação das cotas da empresa. Sem que Eduardo soubesse, reduziu a participação dele a níveis insignificantes. Eduardo se desentendeu com Mark e se afastou completamente. Dali em diante, a história virou filme: a questão da sociedade entre os dois se tornou uma longa discussão judicial. Por fim, Mark devolveu 5% do Facebook para Eduardo, 25% a menos que sua cota original. Acredite ou não, com isso, Eduardo realizou o objetivo que buscava. Em janeiro de 2018, por exemplo, o Facebook valia cerca de 100 bilhões de dólares. Mesmo caindo para 5%, a parte das ações de Eduardo, no mesmo período, valia 9 bilhões de dólares. E quanto a Mark? Ele se tornou um dos jovens mais ricos, poderosos e influentes do planeta.

Não estou dizendo, em circunstância alguma, que o Facebook foi uma criação acidental. Mas ele é um produto do acaso criado. E confirma o que o filósofo inglês Francis Bacon afirmou no século XV: "Os avanços mais importantes da história são, quase sempre, resultado de fatos pouco previsíveis". O que isso significa? Mark Zuckerberg buscava algo grandioso. Seu objetivo sempre foi claro. A história prova que, quando uma pessoa deseja realizar um propósito tão intensamente que não hesita colocar toda a sua vida em jogo por ele, como Mark fez, ela está forçosamente predestinada a realizá-lo, seja qual for esse propósito. Mas isso não quer dizer que, ao lançar o Facebook, ele tivesse uma noção clara, passo a passo, do que aconteceria no futuro. Ou tinha?

4

Talvez a forma mais simples — e mais correta — de captar o mistério por trás desses fenômenos seja entender o princípio conhecido como *ordem espontânea*. Em 300 a.C., o filósofo taoista chinês Chuang-Tzu concluiu que existe uma força natural que faz a ordem emergir do caos. Contudo, segundo o filósofo, isso só acontece se você deixar as coisas por si sós. Ou, como vimos anteriormente, criar espaços em branco para que essa força possa se manifestar.

A ordem começa a se manifestar apenas por meio da persistência criada ao longo de anos de foco obstinado. Primeiro, surge a ideia que origina o desejo — que se transforma no propósito definido. Por anos, eles são desafiados por obstáculos e desafios que se impõem. Na busca da solução, criam um esforço organizado. Com ele, aprendem a explorar os limites da sua capacidade intelectual. Colocamos todas as nossas forças na realização do nosso propósito. Surgem os erros, as atividades e os esforços inúteis, as falhas e fracassos — o caos. Porém, cedo ou tarde, de uma forma ou de outra, o objeto da nossa busca se revela. Ou, como disse Jobs, os pontos se conectam.

Se você repetir esse processo várias vezes, cria o efeito composto. O que isso quer dizer? É o efeito que um fator produz sobre o outro. Nesse processo, cada fator do sistema reforça as outras partes do mesmo sistema e, juntas, formam um conjunto integrado que é muito mais potente e poderoso do que a simples soma dessas partes.

Por exemplo: você já percebeu que quando alguém dá início, de forma visível, ao acúmulo de riqueza, ela se multiplica em dimensões extraordinárias num curto período de tempo? Esse crescimento desproporcional é resultado do efeito composto. Muitas vezes custa entender esse tipo de progressão porque o resultado final é muito desproporcional ao fator que o originou. É assim porém que a riqueza se propaga. É difícil romper certo limite, mas, uma vez que esse limite é rompido, o efeito se manifesta de maneira visível e em quantidades incomuns.

A que conclusão, então, podemos chegar sobre a origem do Facebook? À de que ele é o resultado simultâneo do princípio da *ordem espontânea* e de uma sucessão de manifestações do efeito composto. É o tipo de coisa que acontece quando você tem um objetivo claro e corre atrás dele com um foco obstinado. Mark estava desesperado buscando algo grandioso, diferente, em que pudesse desenvolver seu potencial. Quando viu que o Facebook era o que procurava, transformou-o em sua obsessão. A seguir, investiu toda a sua energia, toda a sua força de vontade, todo o seu tempo e esforço no desenvolvimento dessa obsessão. A partir daí, as coisas foram se organizando em torno desse propósito de forma espontânea.

Primeiro apareceram os irmãos Winklevoss — dois estudantes de economia, também de Harvard, que queriam criar sua rede social. No final de 2003, pediram a Mark que a desenvolvesse. Mark claramente se beneficiou do conceito criado por eles para aprimorar a ideia original que, mais tarde, se tornou o Facebook. Ele nunca concluiu o trabalho encomendado pelos Winklevoss, mas a ideia o inspirou a desenvolver seu desejo pessoal.

Depois surgiu Eduardo Saverin, também em busca de oportunidades. Por isso se aproximou de Mark. E, por fim, apareceu Sean Parker. Sean era exatamente o tipo de pessoa de que Mark precisava. Alguém que conhecesse indivíduos influentes, que se relacionasse com facilidade e apresentasse o projeto a investidores de uma forma incisiva e convincente. Ter um projeto como o Facebook, para ele, foi uma aventura agradável. Enquanto Eduardo corria para cima e para baixo, no metrô de Nova York, em busca de pequenos patrocinadores, Sean apresentava o Facebook de uma maneira atrativa a investidores em potencial no Vale do Silício. Em uma simples tacada conseguiu 500 mil dólares de um único investidor.

O que todos eles possuem em comum? Se você analisar suas histórias de perto, verá que todos eram pessoas com talentos distintos, procurando uma forma de desenvolvê-los. Mark era talentoso naquilo que fazia, e tinha um desejo intenso de realizar algo grandioso. Mas precisou dos irmãos Winklevoss, de Eduardo Saverin e de Sean Parker para que seu talento fosse direcionado para algo grande como o Facebook.

E que conclusão podemos tirar disso tudo? A de que esses três conceitos — os espaços em branco, a *ordem espontânea* e o efeito composto — revelam o lado mágico da busca do sucesso: um misterioso fenômeno que atrai forças, pessoas, eventos e circunstâncias em harmonia com esses pensamentos, promovendo, inevitavelmente, sua manifestação física.

Para nós, quase sempre é muito difícil aceitar esse tipo de fenômeno. Recusamo-nos a acreditar naquilo que foge à compreensão racional. Acreditamos que nossa limitação na forma de pensar é a própria medida da limitação. Por que isso acontece?

5

Você já observou que as grandes invenções tecnológicas, os grandes romances, as grandes composições musicais e as maiores descobertas científicas raramente saem das universidades? Parte daquilo que os acadêmicos fazem é ensinar os alunos a pensar, a escrever, a compor, a administrar. Por que então os professores não fazem aquilo que ensinam? A resposta se torna óbvia se você pensar um pouco. E esse é um dos grandes problemas do ensino acadêmico: eles não criam espaços em branco.

Grande parte dos intelectuais, a certa altura da carreira, para de desenvolver sua inteligência porque não precisam mais dela. O conhecimento acumulado ao longo da vida acadêmica se torna o suficiente. A partir de então, apenas passam a ensinar o que sabem. Não há mais busca. E sem o desejo ardente o foco obstinado morre. Sem obsessão não há caos. E, consequentemente, não se criam espaços em branco.

Por outro lado, quando a pessoa que busca algo obsessivamente ainda não estudou muito, e por isso não tem tanto conhecimento acumulado, ela precisa fazer uso da inteligência. Ela não pode depender apenas do seu conhecimento. Ela literalmente precisa ser atrevida. Buscar as coisas no desconhecido. Em outras palavras, ela depende mais de descobertas do que do conhecimento já estabelecido. E, por depender de descobertas, ela se perde no caminho e encontra o caos. A partir dele, cria espaços em branco onde os *insights* se revelam.

E por que a maioria de nós ignora completamente esse processo? A resposta é bem mais simples do que parece. Para a razão só existem dois tipos de conhecimento. De um lado está o conhecido — aquilo que conhecemos — e do outro, o desconhecido — aquilo que ainda não conhecemos, mas que, algum dia, iremos conhecer. Em geral, entendemos o universo assim: dualisticamente. E essa dualidade é um produto exclusivo da razão. O problema é que há uma lacuna nessa história. Será que não existe nada no universo que não pode ser conhecido ou explicado pela razão? Sem dúvida que existe. Mas acreditamos que essas questões devem ser deixadas de lado porque não são ciência.

Mas, se formos pelo lado da ciência, o que é conhecer algo? É captá-lo com a razão. É reduzi-lo ao tamanho da razão. Quando conhecemos algo plenamente é porque conseguimos captá-lo racionalmente. Em outras palavras, o que não conseguimos captar com a razão, ou reduzir ao seu tamanho, não é ciência. Trata-se de algo místico. E, por isso, precisa ser desprezado. Mas a pergunta é: será que não existe nada no universo maior do que a razão? Não para ela. Dessa forma, a ciência, regida pela razão, deixou completamente de lado um terceiro nível de fenômenos: os incognoscíveis.

O que é um fenômeno incognoscível? É aquilo que não conseguimos captar com a razão. Em outras palavras, são os fenômenos que não podem ser reduzidos ao tamanho da razão porque são maiores que ela. Como, por exemplo, as forças que agem nos espaços em branco quando a atividade mental obsessiva cessa.

Suponha que nossa razão seja uma entidade finita, algo como um ponto numa folha de papel. Assim, só há uma certa quantidade de fenômenos que ela pode capturar e manter cativa em forma de conhecimento dentro desse ponto. Mas é possível existir uma entidade maior, da qual se origina nossa razão? Há possibilidades. Mas, como já disse, não para a razão, porque ela não aceita aquilo que não pode captar.

Mas como uma entidade finita poderia captar outra, infinita? Parece impossível. Então, se isso faz sentido, eu e você só podemos captar, ou entender, uma parte dos fenômenos que existem no universo. O resto — a dimensão infinita — não pode ser captado porque é superior à nossa capacidade.

Ao se lançar na busca obsessiva pela realização de um desejo, os atrevidos se abrem para essa dimensão. Na verdade, eles criam um fluxo contínuo entre o cognoscível e o incognoscível. Com isso, criam uma relação com as forças superiores do universo. Compreender esse processo é mistério e magia. E por isso os atrevidos conseguem resultados mágicos. Em certos momentos eles deixam a razão, a lógica de lado, criando espaços em branco. Quando você aceita uma realidade superior, a inferior deve ficar em segundo plano. Para se conectar a uma entidade infinita, você precisa renunciar ao conceito de lógica finita: sua razão. Por exemplo: deixar Harvard para se dedicar a uma *startup* não é lógico nem racional.

Em outras palavras, a razão é um esforço para conhecer o desconhecido. Isso é jogo pequeno! A magia da vida está na ocorrência do incognoscível, das forças superiores, do intangível, daquilo que você não pode capturar, tocar, mas que você pode penetrar, com que pode criar canais de contato. Deixar que essas forças superiores ajam em você. É a isso que nos referimos quando falamos que "o universo conspira a nosso favor".

Quando recorremos apenas ao pensamento racional, nos tornamos cautelosos, ansiosos e preocupados demais com os resultados. Isso nos torna acanhados. Para nos libertar desse acanhamento, precisamos aprender a confiar na nossa intuição, a abrir mão do controle absoluto, a confiar na sabedoria do universo. Só assim abrimos a possibilidade de ser beneficiados positivamente pelos espaços em branco.

O problema é que temos obsessão por controle. A razão para essa obsessão se explica porque os riscos que controlamos, mesmo sendo mais elevados do que os que não controlamos, são uma fonte de medo menor. Isso explica, por exemplo, por que a maioria das pessoas tem medo de voar, mas não se importa de dirigir um carro a 120 quilômetros por hora numa estrada onde o limite de velocidade é de 80. O pensamento lógico é que, ao dirigir o carro, tendo-o sob controle, está-se muito mais seguro do que sentado num avião, onde nem mesmo sabemos onde estamos.

Esse mesmo princípio se aplica à questão da escolha da nossa profissão. Uma carreira tradicional oferece muito mais segurança do que tentar explorar nosso potencial numa aventura mais arriscada. Assim, impedimos os acidentes negativos, mas também bloqueamos a possibilidade de um acidente positivo, e escolhemos viver no acanhamento.

6

Antes de criar o Facebook, a genialidade de Mark já era conhecida e aclamada. Mas, se olharmos seu currículo, por trás do seu extraordinário sucesso vamos encontrar um considerável histórico de fracassos. Primeiro, ele criou uma plataforma digital chamada CourseMatch. A ideia era ajudar estudantes de Harvard a escolher disciplinas de acordo com outros inscritos na mesma cadeira. Um exemplo: se o sobrinho de John Kennedy cursava certa disciplina em determinado semestre, o CourseMatch fornecia essa informação. Se quisesse, o aluno poderia se inscrever nessa disciplina e estudar com o sobrinho de Kennedy. Uma ideia ingênua que não resultou em nada. Depois, ele criou um site chamado Facemash. Após invadir o sistema de segurança da rede de Harvard, ele baixou fotos de alunas de diversos cursos e criou um joguinho. Colocou as fotos dessas estudantes lado a lado, e estimulava o visitante a votar naquela que acreditava ser a mais atraente. O Facemash foi uma sensação entre os estudantes de Harvard, mas também fez com que Mark quase fosse expulso de lá.

Apesar de toda a sua genialidade, foi apenas quando os irmãos Winklevoss o convidaram para concluir o site que estavam criando que ele teve a ideia que se tornou o Facebook. Mark tinha ideia de quanto o Facebook cresceria? É claro que não. Como sabemos disso? Depois de criar o site, Mark precisou de recursos para custear um servidor para hospedá-lo. Foi quando procurou Eduardo Saverin. Pense por um momento: se Mark tivesse alguma suspeita do futuro espetacular do Facebook, teria oferecido 30% da empresa por 1.000 dólares? Será que não teria dado um jeito de conseguir o dinheiro com seus pais?

E Eduardo Saverin? Como já sabemos, ele era estudante do segundo ano de economia em Harvard. Tinha fama entre os acadêmicos porque lucrou 300 mil dólares nos anos anteriores com aplicações na bolsa. Era também considerado uma espécie de prodígio. Mas, se ele era um gênio nos negócios, por que permitiu que Sean Parker tomasse seu lugar na empresa que ele havia criado com Mark? Mas esse foi apenas o erro número um de Eduardo.

Quando Mark contou a ele que Sean estava integrando a equipe e que buscava investidores para o Facebook, Eduardo, que estava em Nova York, se sentiu enganado. Até aí, tudo bem. Mas qual foi a reação dele? Revoltado, cancelou a conta bancária da empresa, que estava em seu nome. Além disso, suspendeu o pagamento de qualquer cheque que entrasse na conta a partir daquele momento. Mais tarde, na justiça, Mark alegou que Eduardo havia abandonado a empresa. Que, inclusive, cancelara a conta bancária que estava em seu nome. Atitude que deu ampla margem para Mark na disputa. Esse foi o seu erro número dois.

Por último, numa atitude de extrema ingenuidade, Eduardo assinou um documento dando poder legal para que sua parte da empresa fosse dissolvida. Na nova reestruturação, sua participação caiu de 30% para menos de 1%, forçando-o a recorrer à Justiça para reaver pelo menos parte do que havia perdido. Esse foi o erro número três.

Percebeu algo interessante? Além de estar abertos à ação das forças superiores, os atrevidos erram, quebram a cara, e não se intimidam com a opinião alheia. Eles sabem que para evoluir, crescer e desenvolver seu potencial é necessário se expor. Que erros, falhas e fracassos temporários são necessários. Que é o caos que cria os espaços em branco de onde emerge o novo. Por isso, eles possuem coragem de seguir em frente e a flexibilidade mental que lhes permite fazer os ajustes necessários ao longo do caminho. O simples ato de agir com naturalidade diante das falhas aumenta radicalmente as condições de analisar as circunstâncias, avaliar o erro e aprender com ele. Em outras palavras, os erros e tropeços os ajudam a observar a estratégia e adaptá-la até acertarem.

Agora, apenas para comparar: como a maioria de nós age? Normalmente temos vergonha das derrotas, erros e fracassos. Temos medo da crítica e da opinião dos outros. Temos receio do que os outros dirão se tentarmos e fracassarmos. Por isso, nos acanhamos. Evitamos qualquer tipo de caos. Quando erramos, empenhamo-nos em campanhas bobas para defender nossos erros e juramos que, a partir de então, iremos evitá-los. Por um estranho motivo, queremos evoluir sem errar. E, quando somos derrotados e testados ao longo do caminho, a saída mais fácil que encontramos é desistir. E é exatamente isso o que a maioria faz. E esse provavelmente é o motivo pelo qual muitos de nós jamais conseguem realizar seus desejos e alcançar elevados níveis de riqueza e bem-estar. Por que é tão difícil agir como um atrevido?

CONCLUSÃO
PENSAR COMO O ATREVIDO

O gênio pensa que pode fazer tudo o que vê os outros fazerem, mas vai se arrepender de tanto desperdício.

GOETHE
ESCRITOR E FILÓSOFO ALEMÃO

1

Aos 38 anos, o advogado americano Ben Fountain tomou uma decisão radical. Embora nunca tivesse publicado nada, demitiu-se do emprego para se dedicar em tempo integral à carreira de escritor. Na primeira segunda-feira longe do emprego, ele acordou cedo. Estava determinado a produzir algo significativo em um tempo relativamente curto. Elaborou um plano: acordaria todo dia às 6 horas. Começaria a escrever às 7 e meia e escreveria até a hora do almoço. Descansaria um pouco e depois voltaria a escrever até a noite. Assim, pensou, conseguiria produzir rapidamente algo que lhe desse a renda que deixara de ganhar como advogado.

Quando sentou para escrever, surgiu o primeiro imprevisto: não conseguia colocar nada no papel. "Eu me sentia como se tivesse saltado em um abismo sem ter certeza de que meu paraquedas abriria", ele contou, mais tarde. "Ninguém quer desperdiçar sua vida, e eu estava indo bem com a advocacia.

Poderia ter feito uma carreira excelente. O meu pai tinha tanto orgulho de mim... Ele pensou que minha decisão era louca!"

Em três meses, Ben conseguiu concluir seu primeiro conto. Dois meses depois concluiu outro, depois outro e, em seguida, mais um. No final de um ano, havia obtido alguns resultados práticos, mas nada que pudesse ser considerado um sucesso, menos ainda que lhe trouxesse renda.

Dois anos depois, em 1990, ainda sem resultados palpáveis, decidiu que a saída seria escrever um romance. Levou cinco anos para concluí-lo. Enviou o original para as editoras e, depois de várias rejeições, decidiu engavetá-lo. Semanas depois, começou a escrever outro, que concluiu em 2006. Haviam se passado inacreditáveis dezoito anos desde aquele dia, em 1988, em que decidiu largar tudo para tornar-se escritor.

O livro, *Brief encounters with Che Guevara* (*Encontros imediatos com Che Guevara*), é uma coleção de contos. Neles, leva o leitor a países como Colômbia, Serra Leoa e Haiti para mostrar os estragos que o capitalismo provoca na natureza. A obra lhe rendeu vários dos prêmios literários mais cobiçados dos Estados Unidos. Mas não só isso. Também o colocou no cenário da literatura mundial. Depois disso, escreveu outro livro de sucesso e roteiros que foram adaptados ao cinema. Enfim, o que para muitos parecia impossível aconteceu. Mas foram necessárias quase duas décadas de dedicação sem obter resultados financeiros concretos. Havia algo especial nele que lhe possibilitou desenvolver uma persistência incrível. O que era?

2

Anos atrás, um grupo de empresários brasileiros comprou uma rede de lojas na América do Sul. Após fecharem o negócio, decidiram que seria interessante visitar algumas empresas similares nos Estados Unidos. Queriam analisar o que é feito lá e, na medida do possível, adequá-lo ao mercado sul-americano.

O grupo fez uma pesquisa e selecionou dez empresas que iriam visitar. Uma equipe especial foi escalada para contatar essas empresas e marcar um roteiro de visitas. Logo perceberam um problema: o nível de recepção foi frustrante. Apenas um dos dez presidentes consultados aceitou marcar um encontro. Era Samuel Walton, fundador da rede Walmart. Os demais simplesmente torceram o nariz para a visita dos brasileiros, que, mesmo assim, decidiram fazer a viagem.

Se você mora num centro urbano, no Brasil ou em qualquer parte do mundo, é quase certo que já tenha entrado em uma loja da rede Walmart. Em 2010, 140 milhões de pessoas já tinham sido clientes de pelo menos uma das 8.416 lojas espalhadas pelo globo. No final de 2010, a companhia empregava 2,1 milhões de pessoas — o equivalente à população de Belo Horizonte, na mesma época. Essa é a dimensão da empresa criada por Walton.

No dia em que os brasileiros chegaram à sede desse império, em Bentonville, Arkansas, se depararam com um homem de cabelos grisalhos. O homem se aproximou e perguntou:

"Posso ajudá-los?"

"Sim, estamos procurando pelo senhor Samuel Walton."

O homem estendeu a mão e disse:

"Sou eu. E, por favor, me chamem de Sam."

Após alguns minutos de conversa introdutória, Sam conduziu os empresários brasileiros até sua caminhonete. Acomodou-os ao lado de Ol'Roy, seu cachorro de estimação e, em seguida, levou-os para sua casa.

Nos dias seguintes, enquanto Sam cozinhava e servia os brasileiros, fazia inúmeras perguntas sobre o mercado da América do Sul. Insistia em suas questões até satisfazer sua curiosidade nos mínimos detalhes. Ao tempo de retornar, os brasileiros, atônitos, tinham descoberto que Sam, o fundador e criador de uma das maiores corporações do mundo, provavelmente os recebeu porque estava mais interessado em aprender do que em ensinar.

Meses depois, Sam retribuiu a visita aos brasileiros. E em determinado momento quase foi preso num supermercado de São Paulo. O que aconteceu? O velho Sam estava criando confusão na hora de pagar a conta? Nada disso. Ao vê-lo andando de um lado para outro com uma trena nas mãos, medindo a altura e os espaços entre as gôndolas, o gerente do supermercado estranhou sua atitude e chamou a polícia.

Está vendo o nível de simplicidade? Sam parece não se importar com nada. É livre. É imune a crítica ou ao medo do que alguém possa pensar. Isso oferece uma compreensão clara de como o atrevido vê a si e ao mundo ao seu redor. Ele até aprecia os erros — ou pelo menos muitos deles. Não teme desafios. Não sente medo, vergonha ou insegurança. Tem certo prazer de lidar com o desconhecido, fazer coisas novas, atrevidas. Isso faz com que só exista encantamento pelo que ele deseja. Qual é a origem desse tipo de personalidade?

Existem três fontes. Acredito que a primeira, a essa altura, já é bastante óbvia. Falamos muito sobre ela ao longo do livro. E ela é muito simples: essas pessoas sabem o que querem da vida. Mas mais que isso. Esse querer aflora de dentro — da paixão particular que elas descobrem em si e que cultivam com cuidado. Em outras palavras, elas agem dentro da sua zona da genialidade. E isso faz toda a diferença.

Ben Fountain, por exemplo, tinha uma carreira promissora e bem remunerada como advogado, mas não estava satisfeito com o sentido que obtinha do seu trabalho. Qual era o problema? Há algo errado com a profissão de advogado? Absolutamente não. A questão é que sua paixão era outra: escrever. E, numa atitude atrevida, decidiu que era isso que ele queria para sua vida, mesmo não tendo certeza alguma sobre os resultados.

A segunda fonte é a maneira como essas pessoas lidam com dificuldades e obstáculos. Basicamente, o atrevido não culpa os outros pelas suas adversidades e contratempos, tampouco culpa a si próprio. Além disso, ele não vê problemas e dificuldades como um sinal de fraqueza, ignorância ou incapacidade. Pelo contrário, ele sabe que os obstáculos são necessários para seu crescimento e que depende unicamente dele desenvolver a capacidade de superá-los. E quanto mais próximo você estiver da sua paixão verdadeira, mais evidente isso ficará.

A terceira e última fonte da origem desse tipo de personalidade — e talvez a mais importante — é que eles têm uma maneira específica de pensar. O atrevido, geralmente, tem uma ideia central livre de convicções que o deixem frágil e vulnerável à opinião própria ou alheia. Ele define seu propósito e, isento de ressentimentos e melindres emocionais, segue seu caminho em busca da sua realização. Isso o exime de prestar contas às pessoas ao redor. Para ele, de certa forma, não importa o que a família, amigos ou qualquer outra pessoa pensem. Seu compromisso, primeiramente, é com sua própria felicidade.

Pense em Sam Walton, um empresário multibilionário, fundador da maior rede de lojas de departamentos do planeta, com uma trena medindo a distância entre gôndolas de um supermercado num país estrangeiro. Ou, ainda, preparando o café da manhã para os empresários brasileiros. Em todos os aspectos, isso parece estranho. Não é essa ideia que fazemos sobre empresários de sucesso, donos de multinacionais poderosas. Não há, como muitas vezes acreditamos, um ego gigante envolvido. Pelo contrário, é fácil perceber que ele não estava se exibindo. Suas atitudes refletem a mais pura serenidade e integridade. Não há encenação. Mas é como se seu comportamento fosse algo automático, reflexivo.

O que podemos tirar disso tudo? A grande lição que vejo aqui é que pessoas com atitudes como as de Sam Walton não ligam muito para a opinião dos outros. Elas reconhecem que não devem explicações às pessoas a sua volta. Seu propósito não é agradar ao mundo, mas desenvolver a sua missão. E, claro, isso não as torna arrogantes, orgulhosas ou com sentimento de superioridade. Pelo contrário, elas perseguem seus próprios objetivos. Assumem responsabilidade pelo seu próprio sucesso e felicidade e esperam que os outros façam o mesmo. Emoções como ressentimento, melindres, vergonha ou preconceito não fazem parte desse processo. Em resumo, elas são emocionalmente serenas e equilibradas. Por quê?

3

Voltando à questão de Ben Fountain. Na sua opinião, qual foi o fator que o motivou a persistir durante dezoito anos em sua carreira de escritor mesmo sem obter resultados visíveis? Será que foi dinheiro? Reconhecimento? Ego? Teimosia? Soa pouco provável. Certo? Na verdade, a resposta parece bem mais simples e clara. Ouso até pensar que você concordaria em que Ben não escrevia por dinheiro, fama ou *status*. Se fosse, ele teria desistido no segundo, terceiro ou, no máximo, quarto ano em troca de algo mais promissor. Mas perceba que ele persistiu ao longo de desconcertantes dezoito anos.

De onde vieram essa energia, motivação e segurança? Estudos recentes mostram que esses sentimentos só são possíveis quando há um fator específico em jogo: uma paixão maior que tudo. E o que nos vem à cabeça quando pensamos em escolher uma profissão ou um empreendimento empresarial? Como já vimos, geralmente, o resultado financeiro. Acreditamos que o objetivo principal da nossa atividade profissional é ganhar dinheiro. Os atrevidos pensam diferente. Eles percebem seus objetivos a partir de um chamado, um desejo interno de desenvolver uma missão.

Ao transformar nossa atividade profissional numa missão, o fator mais importante que nos motiva é a atividade em si — o próprio trabalho. Pode ser difícil de acreditar, mas na verdade Ben Fountain não persistiu em nada. Ele estava, o tempo todo, desenvolvendo sua missão. O fator mais importante que o motivou não foi o resultado, mas o próprio trabalho. E o que acontece quando nos vemos diante de um exemplo assim? Ficamos impressionados com sua persistência. Mas isso só nos impressiona porque temos em mente o resultado financeiro. E, como ele não vendeu seu trabalho durante esse tempo, acreditamos que isso foi uma persistência fora do comum. Mas não foi. Simplesmente não conseguimos deixar de lado a noção de que o objetivo do trabalho é essencialmente financeiro.

Penso que essa abordagem tradicional é um erro. Sabemos que não podemos sobreviver sem dinheiro, mas o propósito do nosso trabalho não pode estar estruturado unicamente sobre o interesse financeiro. E esse é um ponto crucial que distingue os atrevidos do resto de nós. Observando-os de fora, como estamos fazendo no caso de Ben, é fácil perceber que seu propósito está fundamentado sobre uma causa. Obviamente isso não significa que eles não tenham interesses financeiros. Mas quer dizer que, antes dele, há uma causa e um sentido por trás dessa causa.

Acredito que, no caso de Ben, é seguro dizer que ele escrevia porque, para ele, escrever era excitante. Mais que isso: escrever era uma paixão. Ele empenhava-se em escrever e, apesar de os resultados financeiros não aparecerem, sentia-se motivado a dar o melhor de si. Percebe a diferença? É isso que o sentido de um propósito estabelecido sobre a base certa proporciona. É dele que a luta, a vontade de evoluir e de expandir nossas capacidades ao máximo emergem.

E o que impede a maioria de nós de seguir por esse caminho? Trata-se de algo quase ridículo: o medo que temos do que as outras pessoas possam pensar sobre nós. E esse medo se origina de dois fatores. O primeiro é a nossa estranha preocupação em querer agradar os outros fazendo suas vontades. O segundo é o medo de que, se não ouvirmos os outros, cometeremos erros terríveis que poderão arruinar nossa vida completamente.

Por que permitimos que outras pessoas tenham tanta influência sobre o modo como vivemos nossa vida? Estudos recentes mostram que, normalmente, é porque não queremos ser julgados como alguém rude, egoísta e desumano. Queremos que os outros nos vejam como agradáveis, bonzinhos, compreensivos e atenciosos. Alguém que se importa com eles. E algo nos diz que para isso precisamos ser legais e agradáveis. Ter atitudes que façam as pessoas gostarem de nós. Crescemos com essa filosofia. Desde muito cedo, aprendemos que é assim que precisamos agir para ser benquistos e respeitados. E como uma filosofia assim poderia fracassar?

No entanto, podemos nunca ter pensado antes sobre isso, mas existem inúmeros problemas com essa filosofia. Na verdade, sair do caminho para agradar e satisfazer as pessoas a nossa volta é uma receita quase infalível para se tornar um acanhado e ter uma vida frustrante e depressiva. Uma afirmação bem atrevida. Certo? E será que ela é verdadeira?

Para responder a essa pergunta, primeiro precisamos compreender as razões que criam essa necessidade em nós. Então, por que queremos tanto que os outros pensem apenas coisas legais sobre nós?

4

No primeiro capítulo, escrevi que todos temos uma ideia central sobre nós mesmos — que é a compreensão sobre o tipo de pessoa que acreditamos ser. A pessoa que se importa demais com a opinião dos outros e que sente a necessidade de agradar a todos tem uma ideia central bastante específica. Ela se vê como uma pessoa boa, generosa, altruísta e nobre. Embora raramente admita isso, ela se vê como alguém quase perfeito. Mas ver-se como uma pessoa assim não é o suficiente. Ela também quer ser vista assim, como uma pessoa boa, querida, decente, quase perfeita.

Então, o que temos até aqui? Temos três características em evidência. Ela tem essa imagem de si — a ideia central. Essa é a primeira característica. A segunda é que essa imagem é de uma pessoa nobre, boazinha, agradável e quase perfeita. E, por último, ela quer que os outros a vejam exatamente como a pessoa que ela pensa ser. Em outras palavras, ter uma ideia central sobre o tipo de pessoa que ela pensa ser não é o suficiente. Ela também quer que os outros reconheçam essa imagem nela.

E como ela saberá se de fato é uma pessoa agradável e boazinha? Não há como saber, a menos que as pessoas a sua volta o confirmem. E como ela poderá obter essa confirmação? Há duas alternativas. Uma delas é ficar com as antenas ligadas para tentar descobrir aquilo que as outras pessoas pensam e falam dela. A outra é se aventurar numa constante campanha para obter essa confirmação. De uma ou de outra forma, tudo o que ela deseja é que, através das suas atitudes, as pessoas reconheçam a imagem que ela tem de si. Isso se torna muito importante. Na verdade, mais importante que tudo.

Conseguir essas evidências, entretanto, não é tão óbvio. Por isso, ela começa a buscá-las nas atitudes dos colegas de trabalho, do chefe, dos pais, dos filhos, dos irmãos, dos amigos, de qualquer pessoa que esteja a sua volta. Ela quer ser aprovada e amada por essas pessoas. E o modo de saber se isso está acontecendo ou não depende das atitudes e do comportamento dos outros. Percebe as consequências? Para ter essa confirmação, ela começa a agradar e fazer a vontade de todos. E, a essa altura, a vida passa a girar em torno de dois eixos. Primeiro, ela quer que todos reconheçam essa pessoa nobre que compõe sua imagem central. E, segundo, que ninguém a contradiga. É nessas duas coisas que ela coloca todo o seu foco e sua energia.

E o que acontece quando alguém não lhe dá essa confirmação? Geralmente, acontecem duas coisas. Ela transforma essa pessoa num inimigo ou se empenha em agradá-la ainda mais para provar que ela, de fato, é como vê a si mesma. Nos dois casos, ela transforma essa pessoa no centro de sua atenção. Quando isso acontece, começa a correr por aí, de um lado ao outro, tentando viver a vida de tal modo que sua ideia central esteja protegida. E sempre que as evidências a contradizem fica atordoada, frustrada e decepcionada consigo mesma.

Embora ser agradável possa ser uma coisa muito boa, nesse caso geralmente é uma armadilha. O que estou querendo dizer com isso? Que mesmo que seja legal se importar com outras pessoas, fazer coisas boas por elas, ser agradável e compreender os sentimentos delas, não podemos ignorar que somos seres lutando pela nossa própria sobrevivência. Em outras palavras, raramente conseguimos ter ideia do quanto somos egoístas. E tudo o que supostamente fazemos pelos outros, na verdade, estamos fazendo por nós mesmos. Quando procuramos ser agradáveis, bonzinhos e nos importar com os outros, na verdade, não estamos tentando ajudar os outros. Estamos tentando ajudar a nós, tentando preservar a ideia central que temos sobre nós mesmos.

Por exemplo: pais adoram dizer que amam seus filhos acima de tudo. E geralmente interpretamos isso como prova de altruísmo e de amor. Amamos mais o outro do que a nós mesmos. Mas, se pensarmos um pouco, é fácil perceber que isso é uma noção bem mais complexa do que imaginamos. Por quê? Porque só amamos nossos filhos mais do que tudo porque eles são nossos filhos. E qualquer coisa que acontecer a eles terá fortes reflexos em nós. Então, nossa tentativa de protegê-los, na verdade, também é uma autoproteção. O amor que sentimos por eles, no fundo, é um amor-próprio disfarçado.

Por um lado, isso não é um problema. Essa atitude faz parte da natureza humana. Mas, por outro lado, negar essa natureza muitas vezes torna-se um problema. Quando dizemos a nós mesmos que somos altruístas, e quando queremos provar isso ao mundo, com muita frequência nos opomos a nossa própria natureza. E, quando colocamos os sentimentos, as prioridades e os motivos das pessoas que cruzam nosso caminho acima dos nossos, criamos uma relação contraditória conosco mesmos. Criamos um conflito com nosso eu. E em algum momento ele irá reagir.

Em certos casos, nosso eu até aceita esse conflito por um tempo — mas ele não irá aceitá-lo para sempre. Assim, em determinado momento as consequências irão aparecer. O estresse, a raiva e as tensões irão se manifestar. Sentiremos as consequências da falta de autenticidade e integridade. Mas mais que isso: em algum momento, nos deparamos com a inabilidade de criar o estilo de vida que gostaríamos. E perceberemos que esse é o preço que teremos que pagar por termos colocado o foco da nossa vida nos desejos e caprichos das outras pessoas.

E aqui, então, chegamos ao ponto crucial desta análise. Ele nos revela a razão principal pela qual querer agradar e fazer as vontades dos outros o tempo todo é um problema muito sério. Qual é essa razão? Onde está o problema? A esta altura, é fácil perceber que o problema está no fato de que esse tipo de comportamento nos impede de desenvolver nosso potencial. E que desenvolver nosso potencial e colocá-lo a serviço dos outros, na verdade, é a melhor maneira de ajudar os outros.

Então, em síntese, o que estou querendo dizer? Que ter uma personalidade agradável, ser empático e se importar com os outros é algo ruim? Que é preciso ser arrogante, prepotente, desleal, ganancioso, egocêntrico, frio e egoísta? É claro que não. Pensar assim seria ver as coisas apenas em preto e branco. No caso, sua mente está lhe dizendo que, se não agradar a todo mundo, se não fizer as vontades de todos, você será uma pessoa má, fria e egoísta. E o que acontece nesse caso? Como você não quer ser uma pessoa má, insensível e egoísta, a solução lógica é continuar sendo agradável, bonzinho e fazer a vontade de todos.

Mas será que essas são suas únicas alternativas? Será que só existem esses dois caminhos? Imagine que você esteja vendo três fileiras de pessoas. De um lado, está a fila das pessoas que se autossacrificam para ser agradáveis, boazinhas e fazer a vontade de todos. Do outro lado está a fila das pessoas arrogantes, prepotentes, desleais, gananciosas, egocêntricas, frias e egoístas. A pergunta é: que tipo de pessoas estão na fileira do meio?

Nela, temos os atrevidos.

Na fila do meio estão as pessoas que têm raízes nos seus próprios princípios e valores. Elas têm consciência de que esses princípios e valores são bons, honestos e corretos, e isso lhes basta. Elas não têm necessidade de que todos gostem delas. Em vez de se esforçarem para ser agradáveis, elas se esforçam para ser honestas, bondosas e corajosas, mas defendem o que são. Elas sabem que, se alguém não gostar delas, outras pessoas gostarão. E isso faz delas pessoas completamente livres tanto das boas quanto das más opiniões dos outros.

Essas pessoas possuem valores intrínsecos. E elas se guiam por eles. Qualquer opinião que está lá fora não importa muito. Afinal, elas estão seguindo o caminho que escolheram conscientemente e ninguém as tirará dele. Isso não significa que essas pessoas são egoístas, frias ou indiferentes com os outros, mas também não significa que elas estão se autossacrificando e sofrendo desnecessariamente para ser agradáveis o tempo todo.

Isso resume uma questão muito importante. Você nunca deixará a sua marca no mundo se não desenvolver a personalidade da pessoa da fileira do meio. Todo atrevido entende isso em algum momento da caminhada.

5

Voltemos ao caso de Ben Fountain. À primeira vista, a questão que se levanta diante de sua história é como ele conseguiu se manter ao longo desses anos. Obviamente, ele teve o apoio incondicional de sua esposa. Em 1987, um ano antes de ele se desligar do emprego, eles tiveram o primeiro filho. Em 1989, um ano depois, tiveram uma filha. Nessa época, Ben teve uma conversa com sua esposa. Nela, chegou a cogitar a possibilidade de desistir. Foi um momento em que o apoio que teve dela foi fundamental.

"Talvez isso não vá dar resultado nunca", ele disse.

"Pelo menos tente", disse a esposa.

"Até quando?"

"Dê dez anos", ela sugeriu.

Uma década depois, Fountain não tinha publicado nada significativo. E os anos foram passando. As crianças já haviam concluído o ensino médio e ele ainda vivia da possibilidade. E assim passaram dezoito anos até o resultado visível aparecer.

Já vimos que o elemento que manteve Ben focado nesses anos todos foi o sentido que ele extraía do ato de escrever. A simples execução da atividade de escrever lhe basta, já que, para ele, essa atividade está cheia de significado. Mas isso nos coloca diante de uma segunda questão: como pessoas assim conseguem manter o alto-astral? Como conseguem, sobretudo, a felicidade? Trata-se de um sentimento fortuito? Ou existe uma regra que elas seguiram e que pode ser replicada?

Quando estava escrevendo *Encontros imediatos com Che Guevara,* Ben teve a ideia de visitar o Haiti, uma vez que a maior parte dos contos do livro se passa em vilarejos pobres da América Latina. Uma visita a um desses vilarejos o ajudaria a descrever costumes e cenários de forma mais acurada. Decidiu, então, visitar o país. Antes disso, ele nunca havia deixado os Estados Unidos. Não falava francês e muito menos a língua nativa do Haiti. Mesmo assim, essas deficiências, medos e receios não foram um problema para ele. Ele as descreveu como algo simplesmente natural: "Eu me envolvi. Não podia mais deixar o projeto sair da cabeça", ele conta.

No Haiti, conheceu um homem que morava num local muito remoto. O homem o convidou para visitar sua casa. Do hotel em que estava, a viagem levaria doze horas de ônibus. Ben, em busca de cenários e costumes que lhe dessem inspiração, não pensou duas vezes. Refletindo sobre a viagem, mais tarde, disse: "Não havia um motivo específico para ir até a casa desse homem. Mas fui. Sofri naquele ônibus. Comi pó. Foi uma viagem dura. Mas foi uma viagem gloriosa. Diretamente, ela não tinha nada a ver com o livro. Mas de jeito algum foi um desperdício".

Se observarmos as palavras de Ben, perceberemos que existe um ar de felicidade que o acompanhou em cada etapa do longo caminho que o levou até o lançamento de *Encontros imediatos com Che Guevara*. E nessa observação está a resposta a nossa pergunta. Essas pessoas conseguem manter o alto-astral porque elas não associam a felicidade a um resultado. Para elas, a felicidade não é uma conquista, mas um fruto que colhem do sentido que veem na vida. Pela sua concepção de vida, elas constroem um viver que não é baseado no resultado, mas na qualidade e no sentido atribuídos à busca.

Essa é a forma como o atrevido pensa e age. Ele é sereno e obstinado. E simplesmente não se importa com a opinião, críticas ou comentários de outras pessoas. Mas esse tipo de atitude somente é possível para quem está na fileira do meio. E existem dois motivos que impedem que a maioria de nós se mantenha nessa fila. Por um lado, temos a impressão de que ficaremos inseguros ou vulneráveis se não estivermos atentos às opiniões das pessoas a nossa volta. E, por outro, temos a noção de que estamos sendo arrogantes, prepotentes, quando nos atrevemos a seguir nosso próprio caminho e não fazer as vontades dos outros.

E isso nos traz de volta ao ponto crucial que vimos no item anterior. Quando você deixa sua intuição, princípios e valores de lado para ouvir constantemente a opinião das pessoas a sua volta, deixa de confiar em si mesmo. Quando isso acontece, a primeira consequência é deixar de trabalhar na sua evolução pessoal. Sem isso, não terá como desenvolver o poder pessoal necessário para realizar seus sonhos. E, como vimos, é através do desenvolvimento do seu poder pessoal que você poderá ajudar outras pessoas, a família, os amigos e o universo. Com isso, todas as vantagens de querer ser bonzinho e fazer as vontades dos outros, no final das contas, se tornam desvantagens.

Então, é importante entender que, assim como fazer as vontades dos outros, essa estratégia de estar atento e ouvir a opinião das pessoas a nossa volta simplesmente não funciona. E, se você vem fazendo isso, já deve tê-lo percebido. Porque certamente não está conseguindo realizar as coisas que gostaria de realizar. Pense comigo: o que é uma opinião? É simplesmente um pensamento na mente de outra pessoa. Então, por que você haveria de permitir que um pensamento na mente de outra pessoa controle ou conduza sua vida?

É claro. Uma coisa é a opinião de alguém que seja importante, alguém que você admira e respeita, como no caso de Ben Fountain. Como vimos, houve um momento em que ele se aconselhou com sua esposa. Isso é necessário e sábio. Mas, em geral, não é esse o caso. Na maioria das vezes, somos perturbados pela opinião de pessoas que mal conhecemos, que não têm interesse em nossa felicidade e que não contribuem em nada para nosso crescimento. Mas, mesmo assim, permitimos que nos tirem do foco. E tudo porque estamos preocupados com o que pensam sobre nosso penteado, o modo como nos vestimos, a maneira como falamos ou a aparência do corpo. Estranhamente, permitimos que isso determine o progresso da nossa vida.

Em tese, quando permitimos isso, transferimos toda a responsabilidade que temos de conduzir nossa vida, de construir uma vida plena e feliz, para a pessoa que critica ou fala mal de nós. Ninguém deveria ter esse tipo de poder sobre você, exceto, claro, você mesmo. Então, qual é a solução para esse problema?

6

O que nos torna tão frágeis à opinião alheia? Temos uma tendência a pensar que se precisamos nos esforçar por um tempo demasiado longo para realizar nosso objetivo é porque somos incapazes, não temos o talento necessário. Mas desenvolver nosso poder pessoal geralmente demanda tempo e esforço. Ben é um exemplo claro disso. Outro é Sam Walton. Para chegar às 8.416 lojas espalhadas pelo mundo, ele começou, em 1945, com um estabelecimento similar a essas lojas de 1,99 que existem por aí. Somente em 1953, depois de sete anos e pouco, decidiu abrir uma segunda loja.

A partir de então, foi expandindo aos poucos. Sempre dando um passo por vez. Levou 25 anos para constituir uma rede de 38 lojas. E só então o negócio começou a tomar as proporções a que chegou. Anos mais tarde, ao referir-se à jornada que o levou a esse império, disse: "As pessoas, ao longo dos anos, ficaram com a impressão de que o Walmart é fruto de uma grande ideia que explodiu da noite para o dia. Mas na verdade foi resultado de um processo que se iniciou em 1945. E, como todos os sucessos que parecem surgir da noite para o dia, esse foi construído ao longo de vinte anos".

Se analisarmos as histórias que vimos até aqui, veremos que o mesmo padrão se repetiu em praticamente todas elas. Do ponto onde a pessoa realmente se decide por um propósito até alcançar um sucesso notável, decorrem vários anos. Nesse período, erros, falhas e derrotas temporárias são inevitáveis. E é nesses momentos que nos tornamos extremamente vulneráveis à opinião das outras pessoas. Se não tivermos raízes profundas em nossos próprios valores, seremos facilmente desviados do nosso propósito pelas opiniões de outras pessoas.

Não importa se são opiniões negativas — que são críticas —, ou positivas — que são elogios. Ambas são armadilhas sutis que nos distraem e, geralmente, nos conduzem ao acanhamento. Poucas vezes, porém, nos damos conta disso. Acreditamos que precisamos da opinião dos outros. Mas suponha, por exemplo, que sua vida esteja estruturada sobre seus princípios e valores próprios, imagine que você tenha muito claro o que quer e aquilo em que acredita, será que precisaria de alguém para lhe dizer coisas como "Você está fazendo um bom trabalho" ou "Você não deveria estar fazendo isso"?

Agora suponha que você esteja cercado por inúmeras pessoas. Todas dando opiniões, tecendo críticas, elogios ou bajulando. O que aconteceria? Provavelmente você se distrairia. Ficaria o tempo inteiro olhando para os lados para ver o que estariam falando de você. Nesse caso, será que você conseguiria desenvolver sua missão? Como apresentaria ao mundo, de forma concreta, a grande visão que tem para sua vida? Certamente não conseguiria fazê-lo. Porque iria se acanhar.

O atrevido pensa diferente. Ele sabe que todos têm suas próprias vontades e intenções, seus próprios valores. Entende que as outras pessoas não conhecem a vida dele, não sabem de seus sonhos, daquilo que ele quer para a vida. Ele sabe que elas estão tentando viver os valores delas, e por isso entende que deve viver os dele. Ele não permite ser a pessoa que é deixada de fora, por isso define aquilo que ele quer e vai em busca disso. Essa é uma filosofia poderosa. É assim que se vive uma vida com sentido. É assim que vive o atrevido.

7

Esse parece um conceito simples, mas é bastante radical. Como seres humanos, somos fortemente condicionados ao contágio social. Acreditamos que aquilo que os outros pensam de nós é importante e faz parte de quem somos. Esse é um molde cultural no qual nascemos e do qual raramente conseguimos nos libertar. Mas para entender o modo de pensar dos atrevidos devemos quebrar esse molde e olhar o mundo sem ele.

Isso, entretanto, é mais fácil dizer do que fazer. Existem várias objeções em relação a esse conceito. Uma delas é o *feedback*. Em geral, a pergunta é: eu não preciso de *feedback*? Não é importante saber o que as pessoas pensam a meu respeito e do meu trabalho? Se quero construir um negócio, não preciso saber o que as pessoas pensam sobre ele para saber se terei sucesso ou não? Acreditamos que o *feedback* é importante. Agir de outro modo, pensamos, seria até mesmo irresponsável. Mas será?

Pense em Mark Zuckerberg e sua atitude de abandonar Harvard muito antes de o Facebook se confirmar como um sucesso. Será que isso foi uma decisão responsável na opinião dos colegas e amigos de Mark? Será que ele procurou os amigos e colegas para ouvir a opinião deles?

Todo ano, cerca de 30 mil estudantes tentam entrar em Harvard. Apenas cerca de 1.700 são aceitos. Ser um deles requer que toda a sua vida estudantil seja focada especificamente para esse fim. É difícil demais entrar lá. Por isso, quem é aceito não desiste. Então, não parece uma atitude irresponsável desistir de Harvard ainda no segundo ano do curso para se dedicar a um negócio tão inseguro como era o Facebook àquela época? Não seria sensato concluir a faculdade para não decepcionar os pais? Ou para se proteger da opinião dos amigos no caso de algo sair errado?

E o que dizer de Darwin Smith? Não foi uma atitude irresponsável continuar suas atividades na Kimberly-Clark depois de ser diagnosticado com câncer e os médicos terem lhe dado apenas um ano de vida? Que tipo de *feedback* ele receberia? Ou George W. Bush ao se expor à insegurança de visitar o Marco Zero e correr o risco de ser vítima de um novo atentado? E quanto a Philippe Petit? Ou Nando Parrado, desnutrido, fraco após sessenta dias vivendo de pequenos pedaços de carne humana, aventurar-se pelos Andes, escalando montanhas sem equipamentos, sem noção de localização. Será que sua atitude não foi um ato de irresponsabilidade?

Muitas pessoas acreditam que se não buscarem *feedback* sairão dos trilhos. Elas têm a noção de que certas pessoas as mantêm no caminho certo com suas opiniões e conselhos. E sem elas talvez façam coisas erradas. E isso faz um certo sentido. Às vezes é bom ter alguém que ajude a fazer uma checagem nos nossos planos, objetivos e metas. Não há nada de errado nisso. Mas é importante ter cuidado para não transformar isso num modo de viver.

Não tenho certeza de se a maioria de nós realmente precisa de *feedback* para se manter no caminho certo. A questão é que existem dois pontos cegos nesse processo. O primeiro é que não percebemos que, quando estamos correndo o tempo todo atrás de *feedback*, a razão principal pelo qual o fazemos é que acreditamos que não conseguiremos fazer o que queremos por conta própria. Estamos preocupados se temos ou não a capacidade de decidir sozinhos. E o segundo é que aquilo que vemos como irresponsabilidade quase sempre é atrevimento, a coragem de quem desenvolveu seu objetivo e passou a usá-lo para se orientar nos momentos mais difíceis. Sem essa atitude ousada, Philippe Petit não teria conquistado as Torres Gêmeas, Ray LaMontagne não teria se tornado cantor e Ben Fountain nunca teria realizado seu sonho.

Se você acredita muito na necessidade de avaliar suas decisões no *feedback* de outras pessoas, as chances de realizar seus sonhos podem ser pequenas. E a razão para isso é que realizar nossos sonhos exige muita concentração, energia e foco. E como você conseguirá isso se estiver constantemente correndo atrás das opiniões dos outros?

Mas não é só isso. Tem outro vilão nessa história. Voltemos a Ben Fountain. Foram dezoito anos de dedicação exclusiva até conseguir alcançar sucesso na carreira de autor. O que isso nos diz? Para desenvolver nosso potencial, precisamos de tempo. E certamente encontraremos muitas pessoas ao longo do caminho que irão questionar nossos motivos, fazer graça de nós, nos criticar e até mesmo nos ridicularizar dizendo que não iremos conseguir. E tudo isso poderá nos sabotar.

Não sei se você concorda, mas acredito que, se formos honestos, temos que admitir que não somos muito bons em lidar com críticas. Ninguém gosta de ser criticado. Qualquer tipo de crítica nos incomoda. E se isso for verdade, então, ao invés de nos manter no caminho certo, a crítica pode nos tirar dele. Afinal, se você está fazendo qualquer coisa e alguém lhe diz insistentemente que você está fazendo a coisa errada, você vai começar a duvidar de si, a se perguntar se realmente é capaz de fazê-lo. Quantos artistas, escritores, músicos, atletas ouviram de outras pessoas que nunca conseguiriam obter sucesso, e alcançaram tremendo sucesso. E quantos poderiam ter alcançado sucesso, mas por causa dos críticos nunca ouviremos falar seu nome? Então, levar a crítica a sério pode ser perigoso.

Mas e elogios? O que poderia estar errado em ser elogiado? Na verdade, não há nada errado com elogios. O problema é que muitas vezes as pessoas desenvolvem obsessão por eles. E nesse caso os esperam e procuram desesperadamente. A razão disso é confirmar a ideia central que possuem a respeito de si. Elas querem a aprovação, a validação dessa ideia, e para isso precisam dos elogios. E com o tempo isso se torna um problema sério. Por quê? Porque nem sempre podemos contar com os elogios, pois nem sempre iremos recebê-los.

Se os buscarmos desesperadamente, o que acontece se alguém não nos der o elogio que esperávamos? Geralmente nos tornamos ressentidos e frustrados. Por um lado, começamos a nos questionar, a duvidar de nós mesmos. Por outro, passamos a questionar e duvidar da pessoa que não nos elogiou. Faremos perguntas como: por que essa pessoa não me elogiou? Como ela pode ser tão insensível? E o drama começa.

Você consegue ver as consequências? Poucas pessoas percebem que tanto o *feedback* negativo quanto o positivo são um beco sem saída. Tanto um quanto o outro nos aprisionam em padrões de acanhamento e frustração.

Isso resume o que falei até aqui. O que distingue o atrevido da grande maioria é o fato de ele ter seu próprio sistema de direção. Se você tem seus próprios valores através dos quais se guiar, pode até buscar *feedback*, mas vai ver que não há razão para isso. Até pode ouvir o que as outras pessoas têm a dizer, mas isso simplesmente será a opinião delas. Você tem a sua opinião e não vai se importar muito com o que elas têm a dizer.

Durante a Segunda Guerra, Winston Churchill quis saber todos os fatos sobre os avanços, perigos e conquistas alemães. Mas isso não afetou sua decisão de destruir o inimigo, mesmo sendo duramente criticado por se aliar ao regime comunista soviético. Churchill criou um sistema que lhe serviu como fonte de informação. Isso é importante. Mas isso é ter uma base de dados confiável e não *feedback*. Qual a diferença? Quando se trata de *feedback*, o problema quase sempre é muito mais emocional. Em outras palavras, não procuramos *feedback*, mas confirmação e aprovação. Queremos *feedback*, por exemplo, mas ficamos arrasados se ouvirmos algo crítico ou negativo. Porque nosso propósito é confirmar nossa imagem interna de pessoa agradável, boazinha e nobre. Se recebermos essa confirmação, se ninguém contradisser essa imagem, tudo estará perfeito. Se não, nos sentiremos arruinados.

Mas então, qual é a solução para isso? Em tese, acredito que se quisermos pensar como um atrevido precisamos fazer três coisas. Primeiro, reconhecer que dar ouvidos às opiniões dos outros, tanto as negativas quanto as positivas, é uma estratégia que a maioria de nós adota. Depois, precisamos admitir que essa é uma estratégia ruim. Que ela não funciona. E, por último, precisamos abandoná-la. Qualquer um pode tomar essa decisão. Não há necessidade de especialização para isso. Qualquer um pode viver completamente livre tanto da boa quanto da má opinião dos outros.

8

Talvez, ao longo da leitura deste livro, você tenha se perguntado: por que eu deveria me tornar um atrevido? Alcançar riquezas, deixar minha marca no mundo para quê? Por que tanto esforço e empenho para desenvolver meu potencial se nem ao menos sei qual é meu potencial? Por que não me satisfazer justamente com o que sou ou com o que tenho? Se esse é o seu caso, eu tenho duas respostas.

Primeiro, porque não é mais difícil ser um atrevido do que viver no acanhamento. Talvez seja muito mais raro ser um atrevido, mas isso não quer dizer que isso requer mais sofrimento e renúncia do que perpetuar a mediocridade. Na verdade, se observarmos os exemplos abordados no livro, veremos que se tornar um atrevido é menos doloroso e envolve menos sacrifício do que viver no acanhamento. A beleza e o poder dos princípios que os atrevidos nos ensinam estão justamente no modo como eles simplificam sua vida ao mesmo tempo que vivem de forma mágica.

Mas podemos ir ainda mais longe. Se analisarmos a vida de qualquer pessoa que desenvolveu a genialidade em alguma atividade, perceberemos que todas partiram do mesmo ponto: elas se atreveram a desafiar o senso comum. Foi ao longo do processo que elas se destacaram. Tudo que fizeram foi focar nas coisas certas, evitando ao máximo que as coisas erradas se tornassem seu foco. Elas fizeram o que descrevi neste livro, dentro de suas situações específicas, e não desperdiçaram tempo com coisas que estavam fora do seu ponto de interesse. Transformaram sua vida num caminho simples, claro, direto, expondo-se aos desafios com muito entusiasmo e vibração intensa.

Com isso, não estou querendo dizer que se tornar um atrevido, desenvolver a genialidade e criar riquezas é fácil. Tampouco que um simples desejo fará você chegar lá. Estou afirmando que aqueles que se atreverem a definir seu propósito com base no seu talento e desenvolverem a atividade pela qual possuem paixão natural não acharão o processo mais doloroso do que aqueles que se sentarem à beira do caminho e reclamarem a vida inteira da falta de sorte.

Então, por que se tornar um atrevido? Porque para fazê-lo você precisa extrair o melhor de si. E é apenas quando busca extrair o que há de melhor em si que você descobre o verdadeiro sentido da vida. E quem sabe a única coisa que faça sentido na vida seja o sentido da vida em si. E fica difícil descobrir esse sentido se você passa por ela num estado de acanhamento, sem descobrir as verdadeiras riquezas que o universo lhe deu.

Em outras palavras, se você seguir o mesmo caminho e aplicar os princípios descritos aqui, eles farão sua vida mais simples e muito mais emocionante, ao mesmo tempo que aumentarão significativamente seus resultados. Ao longo desse processo, certamente você desenvolverá seu potencial e o universo lhe será eternamente grato. Então, se não é mais difícil, se os resultados serão significativamente melhores e o processo muito mais divertido, por que não se atrever? Afinal, o mundo é, foi e sempre será dos que se atrevem.

AGRADECIMENTOS

Este livro surgiu de uma longa e profunda análise sobre os princípios e atitudes que distinguem os resultados das pessoas. Durante o processo de pesquisa, criação e evolução das ideias apresentadas, como de costume, tive a colaboração de inúmeras pessoas. John Anderson, Tony Sorgy, Craig Thomas, Ted Lugardo e Adriano Silva estiveram comigo ao longo de todo o processo, servindo, muitas vezes sem saber, de laboratório onde analisava minhas ideias. Outros, como o Dr. Nelson Dutra, foram importantes em estágios específicos, me alimentando com conceitos valiosos e fazendo com que o livro criasse raízes profundas e verdadeiras.

Como sempre, insisti com meus amigos para que criticassem as várias versões do original. Felizmente eles cederam a meus apelos, e o resultado foi um livro muito melhor. Agradeço a Valdir Reinoldo Bündchen, Sandra Kfouri, Chris Delboni, Mirna Sartor e Alex Pitz pela leitura e avaliação. O Dr. Paulo Heitor Fernandez tem sido meu professor desde o início da minha carreira, dando fluidez e clareza nas partes dos meus textos em que tais virtudes podem ser encontradas. Everton

Maciel revisou a primeira versão minuciosamente, apontando incoerências e apresentando valiosas sugestões. Obrigado a todos vocês.

Meu mestre e editor Pedro Almeida é desses presentes de Deus que a gente só precisa receber um a vida inteira. Sempre que me extravio em alguma influência, ele aparece para salvar-me de mim mesmo, lembrando-me de como pensar e escrever. Sem o estímulo dele, escrever seria bem diferente.

Sou grato, acima de tudo, aos meus pais Maria e Eugenio. Este é um livro sobre como desenvolver o melhor que há em nós. Foi com eles que aprendi a ser quem sou. Com minha mãe aprendi a desenvolver uma espiritualidade que me mantém seguro e forte o suficiente para enfrentar os eventos temporários da vida. Meu pai, por sua vez, ensinou-me a ser homem. Com ele aprendi a respeitar a mim mesmo e aos outros, assumindo controle sobre minha vida. E é com isso que mantenho aberto meu processo criativo e sou feliz dentro de qualquer circunstância. Minha gratidão muito especial à minha esposa Fabiana, pela paciência, amor e cuidado. Um agradecimento final ao Deus verdadeiro, a quem devo tudo, inclusive as pessoas a quem agradeci anteriormente.

JACOB PETRY
Logan – Utah – janeiro de 2018

BIBLIOGRAFIA COMPLEMENTAR

PRÓLOGO – O MUNDO É DOS QUE SE ATREVEM

A história da criação do Google é contada em inúmeros livros. As fontes usadas para as discussões nesse capítulo, como nos demais, foram extraídas de três obras: David A. Vise: *The Google Story — Inside the Hottest Business, Media and Technology Sucess of Our Time* (Nova York: Bantam Dell/Random House, 2008); John Battelle: *The Search: How Google and Its Rivals Rewrote the Rules of Business and Transformed Our Culture* (Nova York: Penguin Group, 2005); e Douglas Edwards: *I'm Feeling Lucky: The Confessions of Google Employee Number 59* (Nova York: Houghton Mifflin Harcourt, 2011). Os diálogos reproduzidos são traduções livres que fiz exclusivamente para esta obra.

Nando Parrado publicou um livro sobre sua odisseia pessoal nos Andes: *Miracle in the Andes — 72 Days on the Mountain and My Long Trek Home* (Nova York: Three Rivers Press, 2006). Os diálogos e textos usados nesse capítulo e nos seguintes foram inspirados nessa obra, quase sempre com minha adaptação e tradução. Também usei como fonte de informação o livro *Alive* (Nova York: Harper Perenial, 2005), do jornalista americano Piers Paul Read.

O estudo de Van Boven, *Predicting Feelings and Choices*, foi publicado pela Universidade do Colorado, e pode ser acessado gratuitamente no seguinte endereço: <http://psych.colorado.edu>.

CAPÍTULO 1 – LIÇÕES DE UM ATREVIDO

George W. Bush descreve os detalhes do que fez no dia 11 de setembro de 2001 no livro *Decision Points* (Nova York: Crown Publishers, 2010). O relato está no capítulo 5, "Day of Fire", p. 126-27.

A influência que a herança sociocultural exerce sobre o desempenho dos estudantes afrodescendentes foi apresentada por Joshua Aronson e Claude Steele em *Stereotype Threat and Intellectual Test Performance of African Americans*, publicado em 1995, no *Journal of Personality and Social Psychology* 69.

A teoria da Inteligência Prática é de Robert Sternberg, que a defende em inúmeros artigos e livros. Entre sua vasta obra que trata do tema, a mais recomendada é *Inteligência para o sucesso pessoal* (Rio de Janeiro: Campus, 2000).

John McPhee escreveu o artigo "The Man Who Walks on Air", sobre Philippe Petit, publicado no livro *Life Stories: Profiles from The New Yorker* (Nova York: Random House, 2000). Mais recentemente, Philippe Petit lançou o livro *To Reach the Clouds: My High Wire Walk Between the Twin Towers* (Nova York: North Point Press, 2002), onde conta em detalhes a origem da ideia e os preparativos que o levaram a cruzar o vão entre as Torres Gêmeas sobre um cabo de aço.

As informações sobre Roger Bannister foram extraídas dos arquivos da Academy of Achievement, do Museum of Living History, de Washington.

A revista *Sports Illustrated* publicou uma edição especial sobre as conquistas esportivas do século XX, no dia 27 de dezembro de 1999. A reportagem sobre Roger Bannister foi escrita por Frank Deford: "Bannister and Hillary — Pioneer Miler Roger Bannister and Everest Conqueror Edmund Hillary Became, at Midcentury, the Last Great Heroes in an Era of Sea Change in Sport".

A história de Seles, pai de Nando Parrado, está em *Miracle in the Andes — 72 Days on the Mountain and My Long Trek Home* (Nova York: Three Rivers Press, 2006), de Nando Parrado.

CAPÍTULO 2 – A INVENÇÃO DE NÓS MESMOS

Bruno Grosjean escreveu *Fragments: Memories of a Wartime Childhood* (Nova York: Schocken Books, 1996) sob o pseudônimo de Binjamin Wilkomirski. A verdadeira história de Grosjean e a investigação de como ele criou o personagem fictício da sua infância, que resultou no seu livro de memórias, estão em dois livros: *The Wilkomirski Affair: A Study in Biographical Truth*, de Stefan Maechler (trad. de John Woods) (Nova York: Schocken Books, 2001); e *A Life in Pieces: The Making and Unmaking of Binjamin Wilkomirski* (Nova York: W. W. Norton, 2002), de Blake Eskin.

Toda a discussão sobre o assassinato de Kitty Genovese está em *Superfreakonomics: Global Cooling, Patriotic Prostitutes, and Why Suicide Bombers Should Buy Life Insurance,* de Steven D. Levitt e Stephen J. Dubner (Nova York: William Morrow, 2010); Malcolm Gladwell, *O ponto da virada* (Rio de Janeiro: Sextante, 2009); e ainda A. M. Rosenthal, *Thirty-Eight Witnesses: The Kitty Genovese Case* (Nova York: McGraw Hill, 1964).

A análise sobre a falsa versão da história do assassinato de Kitty Genovese está no livro *Superfreakonomics: Global Cooling, Patriotic Prostitutes, and Why Suicide Bombers Should Buy Life Insurance,* de Steven D. Levitt e Stephen J. Dubner (Nova York: William Morrow, 2010).

O estudo de Gary Wells e Richard Petty foi publicado em 1980, no *Journal of Basic and Applied Social Psychology*, vol. 39, número 2, p. 333-351, sob o título "The Effects of Overt Head Movements on Persuasion".

A influência que o preço de determinado produto pode ter sobre nossa percepção é conhecida em psicologia social como "Coerência Arbitrária". O estudo sobre a relação entre preço e gosto do vinho pode ser encontrado em: http://www.neurosciencemarketing.com/blog/articles/why-expensive-wine-tastes-better.htm.

Para saber mais sobre como o preço de um produto pode ter um impacto nas nossas decisões, leia *Predictably Irrational*, de Dan Ariely (Nova York: Harper, 2008).

Joseph LeDoux escreveu dois livros impressionantes sobre a funcionalidade do nosso cérebro: *The Emotional Brain* (Nova York: Touchstone, 1996), e *Synaptic Self* (Nova York: Penguin Books, 2002). A citação foi extraída do livro *Sinaptic Self*, p. 5.

A história de Renée Fleming está em seu livro de memórias *The Inner Voice: The Making of a Singer* (Nova York: Viking, 2004).

CAPÍTULO 3 – O PODER DE ESCOLHA

Para compreender a vida de Van Gogh, leia o livro de Julius Méier-Graefe, *Vicent Van Gogh: The Biography* (Nova York: Dover, 1987), e ainda *Van Gogh's Women: His Love Affairs and Journey into Madness*, de Derek Fell (Nova York: Carroll & Graf Publishers, 2004).

A verdadeira história de Amadeo Giannini ainda é pouco conhecida. Para conhecer detalhes sobre sua vida, sugiro a leitura dos livros de Felice A. Bonadio *A. P. Giannini: Banker of America* (Berkeley: University of California, 1994); e *A. P. Giannini and the Bank of America* (Norman: University of Oklahoma; 1992), de Gerald D. Nash.

Aaron Beck é sem dúvida a maior liderança mundial em terapia cognitiva. Seus trabalhos são muito conhecidos. Para ter mais informações e conhecer seu pensamento mais a fundo, sugiro a leitura de *Cognitive Therapy of Depression* (Nova York: The Guilford Press, 1987), e *Schizophrenia: Cognitive Theory, Research, and Therapy* (Nova York: The Guilford Press, 2011).

Uma das melhores abordagens sobre a adaptação da estrutura cerebral às exigências e estímulos impostos de forma deliberada está no livro de Norman Doidge, M.D., *The Brain that Changes Itself — Stories of Personal Triumph from the Frontiers of Brain Science* (Nova York: Penguin Books, 2007).

CAPÍTULO 4 – O MISTÉRIO DA PERCEPÇÃO

John Nathan conta a história de Masaru Ibuka e a invenção do rádio portátil em seu livro *Sony: The Private Life* (Boston: Houghton Mifflin, 1990).

A extraordinária história de Ray LaMontagne, assim como os detalhes do início da carreira de Jessica Simpson e sua relação com Linda

Septien, foi descrita por Daniel Coyle, no livro *The Talent Code* (Nova York: Bantam Books, 2009).

Para saber mais sobre como nossa mente interpreta o passado, presente e futuro, e qual a influência que essa interpretação tem em nossa vida, leia *Stumbling on Happiness* (Nova York: Vintage Books, 2007), de Daniel Gilbert, professor de psicologia de Harvard. Gilbert faz uma análise profunda e realista da conexão entre felicidade e a relação que ela possui com o tempo.

Uma compreensão simples e rápida dos estudos de Beck pode ser encontrada no livro de Jonathan Haidt, *The Happiness Hypothesis* (Nova York: Basic Books, 2006).

Nassim Nicholas Taleb escreveu dois livros em que dedica vários capítulos à nossa impossibilidade de predizer o futuro. Ambos os livros são altamente recomendáveis: *Fooled By Randomness* (Nova York: Random House, 2004) e *The Black Swan* (Nova York: Random House, 2007).

A vitória de Sharansky sobre Kasparov foi divulgada no *The New York Times*, edição do dia 16 de outubro de 1996, em matéria de Serge Schmemann.

Jim Collins relata o encontro que teve com Jim Stockdale no livro *Good to Great* (Nova York: Collins, 2001), p. 83. A impressionante história completa da vida de Jim Stockdale e dos anos em que foi prisioneiro do governo comunista da extinta URSS está em sua biografia *In Love and War: The Story of a Family's Ordeal and Sacrifice during the Vietnam Years* (Nova York: Harper & Row, 1984).

CAPÍTULO 5 – OS PERIGOS DO ATREVIMENTO

Lance Armstrong conta sua história em dois livros: *It's Not about the Bike: My Journey Back to Life* (Nova York: Putnam, 2000); e *Every Second Counts* (Nova York: Broadway Books, 2003). Daniel Coyle reconta a vida extraordinária de Lance em seu livro *Lance Armstrong's War: One Man's Battle Against Fate, Fame, Love, Death, Scandal, and a Few Other Rivals on the Road to the Tour de France* (Nova York: HarperCollins, 2005).

O trabalho de António Damásio está em três livros fantásticos: *The Feeling of What Happens — Body and Emotions in the Making of Consciousness* (Nova York: Harcourt Books, 1999); *Looking for Spinoza — Joy, Sorrow, and the Feeling Brain* (Nova York: Harcourt Books, 2003) e *Descartes Error — Emotion, Reason, and the Human Brain* (Nova York: Penguin Books, 2005). As citações usadas nesse capítulo foram extraídas de *Descartes Error*.

Gay Hendrix desenvolveu a teoria das quatro zonas da nossa habilidade no livro *The Big Leap* (Nova York: HarperCollins, 2009).

Wallace Wattles relata sua experiência com o menino diante do piano no seu livro *The Science of Getting Rich* (Boston: BN Publishing, 2007).

Os detalhes da infância de Moema Umann foram revelados por ela própria numa entrevista concedida ao autor em maio de 2011, em Nova York.

Para ler mais sobre prática deliberada, sugiro o livro de Geoff Colvin, *Desafiando o talento*, trad. de Helena Londres (São Paulo: Ed. Globo, 2008). Embora o autor tenha uma visão equivocada sobre o talento no desempenho excepcional, a abordagem central do livro é a prática deliberada, apresentada de maneira bastante abrangente.

Os estudos de Anders Ericson estão no livro *Handbook of Creativity* (Cambridge: Cambridge University Press, 1999), editado por Robert J. Sternberg.

CAPÍTULO 6 – A FORÇA ESCONDIDA DO AMANHÃ

A história da Kimberly-Clark tem como fonte o livro de Robert Spector e Willian W. Wicks, *Shared Values: A History of Kimberly-Clark* (Nova York: Greenwich, 1997); e o livro *Kotex, Kleenex, Huggies: Kimberly-Clark and the Consumer Revolution in American Business* (Columbus: Ohio State University Press, 2004), de Thomas Heinrich e Bob Batchelor.

Lance Armstrong conta a passagem com Floyd Landis no seu livro *Every Second Counts* (Nova York: Broadway Books, 2003).

A biografia e citações de Darwin Smith foram extraídas e traduzidas do livro *The Leadership Experience*, de Richard L. Daft (Mason: Thomson, 2005) p. 14; e do livro *Good to Great* (Nova York: Collins, 2001), de Jim Collins.

A história e as citações de Winston Churchill foram extraídas de seus livros *The Hinge of Fate* (Boston: Houghton Mifflin, 1950) e *The Gathering Storm* (Boston: Houghton Mifflin, 1948).

O estudo de Daniel Kahneman e Amos Tversky foi publicado em 1981, na *Science*, no artigo "The Framing of Decisions and the Psychology of Choice".

A citação de Stephen Hawking foi extraída da entrevista concedida a Deborah Solomon, para a *New York Times Magazine*, na edição do dia 12 de dezembro de 2004. p. 37. A citação original é: *"My expectations were reduced to zero when I was twenty-one. Everything since then has been a bonus".*

CAPÍTULO 7 – A IRREFUTÁVEL INFLUÊNCIA DAS RELAÇÕES

Os relatos, citações e diálogos sobre a história de Charlie Ayers foram extraídos e traduzidos da obra de David A. Vise: *The Google Story — Inside the Hottest Business, Media and Technology Success of Our Time* (Nova York: Bantam Dell/Random House, 2008). Vise conta a história do Charlie's Place no capítulo 18 do seu livro.

O pesquisador David Banks, do Departamento de Estatística da Carnegie Mellon University, de Pittsburgh, Pensilvânia, analisa a origem dos gênios em pequenas concentrações de espaço e tempo, como Atenas, Florença e Londres, num artigo muito interessante chamado "The Problem of Excess Genius".

Para saber mais sobre Michelangelo e os renascentistas, sugiro três livros: *Michelangelo: The Young Artist Who Dreamed of Perfection*, de Philip Wilkinson (Washington: National Geographic, 2006), *The World of Michelangelo*, de Robert Coughlan (Nova York: Time-Life Books, 1966) e *In the Time of Michelangelo*, de Antony Mason (Brookfield: Copper Beech Books, 2001).

Os dados e citações dos primeiros anos da vida de Steve Jobs foram extraídos do livro de Lee Butcher, *Accidental Millionaire* (Nova York: Paragon House, 1988). As demais informações sobre Steve Jobs foram extraídas dos seguintes livros: *Steve Jobs: A Biography*, de Walter Isaacson. *The Steve Jobs Way: Leadership for a New Generation*, de Jay

Elliot e William L. Simon, e *The Innovation Secrets of Steve Jobs: Insanely Different Principles for Breakthrough Success*, de Carmine Gallo.

Os dados dos primeiros anos da Pixar e seu súbito crescimento foram extraídos da reportagem de Austin Bunn, "Welcome to Planet Pixar", publicado na revista *Wired*, edição do dia 12 de junho de 2004.

Brent Schlender publicou a reportagem "Pixar's Magic Man" na revista *Fortune*, edição do dia 17 de maio de 2006, na qual conta a relação de John Lasseter com a Disney e sua mudança para a Pixar. E Michael McHugh entrevistou Edwin Catmull, em matéria chamada "An Interview with Edwin Catmull", na revista *Networker*, edição de setembro e outubro de 1997.

CAPÍTULO 8 – OS ESPAÇOS EM BRANCO

As polêmicas envolvendo a origem do Facebook foram amplamente divulgadas e discutidas. Os dados, informações e diálogos têm como referência três livros: *The Facebook Effect: The Inside Story of the Company that Is Connecting the World* (Nova York: Simon & Schuster, 2010), de David Kirkpatrick; *The Accidental Billionaires: the Founding of Facebook, a Tale of Sex, Money, Genius and Betrayal* (Nova York: Doubleday, 2009), de Ben Mezrich; e *The Church of Facebook* (Colorado Springs: David Cook, 2009), de Jesse Rice.

O crédito do termo *ordem espontânea* deve ser atribuído a Steven Strogatz, professor de matemática aplicada da Cornell University, de Nova York. A relação entre o Facebook e a teoria de Strogatz foi levantada inicialmente por Jesse Rice.

Konstantin Paustovsky conta a história da sua visita a Isaac Babel na sua biografia *The Story of a Life: Years of Hope* (Nova York: Pantheon Books, 1969).

CONCLUSÃO — PENSAR COMO O ATREVIDO

Os detalhes da jornada de Ben Fountain estão na revista *The New Yorker*, edição do dia 20 de outubro de 2008, no artigo "Late Bloomers: Why Do We Equate Genius with Precocity?", assinado por Malcolm Gladwell.

O livro de Ben Fountain, *Brief Encounters with Che Guevara: Stories* (Nova York: Ecco, 2006), infelizmente não foi traduzido ainda no Brasil. Em Portugal, foi lançado pela editora Guerra e Paz, sob o título *Encontros imediatos com Che Guevara*.

A história do encontro entre os empresários brasileiros e o fundador da rede Walmart, Sam Walton, foi publicada na revista *Fortune*, edição de 21 de julho de 2003, num artigo de Jim Collins chamado "The 10 Greatest CEOs of All Time — What These Extraordinary Leaders Can Teach Today's Troubled Executives".

MÚSICAS

1. "Amazing Grace", John Newton; composta em 1773, várias gravações
2. "I Wanna Love You Forever", Louis Biancaniello, Sam Watters; Columbia 1999
3. "Dove Sono i Bei Momenti", ária de Le Nozze di Figaro, Wolfgang Amadeus Mozart Reneé; composta em 1785-1786

OUTROS LIVROS DO AUTOR:

A VERSÃO MODERNA DE *A LEI DO TRIUNFO*

AS 16 LEIS DO SUCESSO é um curso prático que reúne as 16 poderosas lições que são as bases de toda filosofia de Napoleon Hill, o maior gênio na área da realização pessoal e psicologia aplicada de todos os tempos.

Incontáveis milionários, líderes e grandes personalidades do mundo inteiro atribuem seu sucesso à aplicação prática dos princípios elaborados por Hill.

Agora, pela primeira vez na história, o conhecimento e a sabedoria de Hill foram condensados por um dos maiores estudiosos de sua obra com o propósito de oferecer um passo a passo simples, objetivo e prático de suas lições. Um legado que se mantém tão importante e atual nos dias de hoje quanto na época de sua publicação.

Por que algumas pessoas parecem ter nascido para o sucesso? Informação? Inteligência? Sorte? Mais oportunidades? Destino? Potencial? Este livro mostra que nenhum desses fatores é determinante nos resultados que obtemos na vida. E que também não há um fator místico ou mágico que faça com que algumas pessoas se tornem ricas, saudáveis, felizes, vivendo uma vida cheia de sentido enquanto outras nunca encontram o seu espaço. Destruindo inúmeros mitos sobre sucesso e fracasso, o autor apresenta uma compreensão clara dos problemas que impedem a realização do nosso potencial. Usando exemplos de pessoas como Gisele Bündchen, Sylvester Stallone, John Kennedy, entre muitos outros percebemos o que diferencia as pessoas com resultados extraordinários das demais: princípios simples e óbvios, mas geralmente ignorados pela maioria.

PODER
& MANIPULAÇÃO

Por séculos, pessoas de prestígio e sucesso profissional debruçaram-se sobre um dos livros mais influentes de todos os tempos, *O Príncipe*, de Maquiavel, em busca de estratégias para alcançar sucesso e poder.

Nesta edição, fruto de um trabalho único na história, os ensinamentos de Maquiavel tornam-se mais adaptados ao mundo moderno.

Poder & Manipulação não é simplesmente uma nova tradução, mas uma edição crítica da obra original, tal como ela estivesse sendo publicada agora, pela primeira vez, com os temas relevantes ao mundo de hoje. E vai além: inclui uma análise objetiva das vinte estratégias mais importantes do clássico.

SEJA SINGULAR!

Neste livro único e libertador, Valdir R. Bündchen, pai da modelo Gisele Bündchen — e que no início da carreira da filha agiu como mentor, orientando-a com princípios, valores e direção — e Jacob Petry desafiam as formulas fantasiosas de enriquecimento fácil em moda nos dias atuais, e apresentam um caminho novo para superar nossos medos, limitações e incertezas, abrindo nossa mente para o potencial imenso que existe em cada um de nós. Provocativo e inspirador, Seja Singular! trata das maiores questões envolvendo a transformação pessoal.

ASSINE NOSSA NEWSLETTER E RECEBA INFORMAÇÕES DE TODOS OS LANÇAMENTOS

www.faroeditorial.com.br

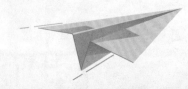

CAMPANHA

Há um grande número de pessoas vivendo com HIV e hepatites virais que não se trata. Gratuito e sigiloso, fazer o teste de HIV e hepatite é mais rápido do que ler um livro.

FAÇA O TESTE. NÃO FIQUE NA DÚVIDA!

ESTA OBRA FOI IMPRESSA EM JANEIRO DE 2023